Un día a la vez

Un día a la vez

Meditaciones diarias para personas
en recuperación

HAZELDEN®

Hazelden
Center City, Minnesota 55012-1076

ISBN 13: 978-1-59285-734-0

Traducción: Acentos, Inc.

Prefacio del editor

Estas meditaciones, oraciones y frases a recordar, diarias, tienen la intención de brindar inspiración, confort y sobre todo, esperanza a las personas recuperándose del alcoholismo, o de otras formas de dependencia química o comportamiento compulsivo.

El libro se apoya en la base firme del Programa de Alcohólicos Anónimos (AA), en los Doce Pasos y en las Doce Tradiciones. Se nutre del gran volumen de sabiduría humana acumulada, de la Edad de Oro de la civilización, de Sócrates a Bill W., el cofundador de AA. En los mensajes breves diarios de este libro se encuentran algunos de esos tesoros, las palabras de poetas, eruditos, filósofos, psicólogos que son la suma de siglos de la experiencia humana. Que esa experiencia y pensamientos le sirvan de guías —un día a la vez.

Meditación del día

Antes, yo veía todo en términos de *eternamente*. Pasaba horas interminables repasando los mismos errores antiguos. Traté de encontrar consuelo en la esperanza acongojada de que mañana "sería diferente". Como resultado, llevé una vida fantasiosa en la que no había felicidad. No es de extrañar que rara vez sonriera y que casi nunca me riera en voz alta. *¿Pienso todavía en términos de "eternamente"?*

Oración

Que fije mis objetivos para el Nuevo Año no como una meta para todo el año sino para un día a la vez. Mis resoluciones tradicionales para el Nuevo Año fueron hechas tan grandiosamente que muy pronto se quebraron. No permitas que mi resolución se debilite tratando de ser eterna, ni siquiera por un largo año. Que vuelva a hacer mi firme promesa cada nuevo día. Que aprenda a no marcar mis errores pasados con esa palabra indeleble, "eternamente". Por el contrario, que cada día del Nuevo Año sea renovado con mi nueva esperanza.

Hoy recordaré

Feliz Día Nuevo.

Meditación del día

Antes de asistir al Programa, yo no tenía la más mínima idea de lo que era "vivir en el presente". A menudo me obsesionaba con las cosas que habían pasado ayer, la semana anterior, o incluso hace cinco años. Pasé muchas horas limpiando el "desastre del futuro". "Para mí", escribió Walt Whitman, "todas las horas del día y de la noche son un milagro perfecto e indescriptible". *¿Puedo creer eso en lo profundo de mi corazón?*

Oración

Permíteme soportar la carga 24 horas a la vez, sin el lastre de los pesares de ayer o las ansiedades del mañana. Permíteme absorber las bendiciones del nuevo día por sí mismo, para sí mismo, y contener mis cargas humanas en una perspectiva diaria. Que aprenda a tener el alma equilibrada que resulta de permanecer cerca de Dios.

Hoy recordaré

No tomar prestado del mañana.

Meditación del día

Mi adicción tiene tres aspectos que me afectan física, mental y espiritualmente. Como persona drogo-dependiente, yo había perdido contacto conmigo mismo y con la realidad. Día tras día miserable, dando vueltas como un animal enjaulado, repetía mi patrón destructivo de vida. *¿He empezado a separarme de mis antiguas ideas? Sólo hoy, ¿puedo ajustarme a lo que es, en lugar de tratar de ajustar todo lo demás a mis deseos?*

Oración

Ruego no ser atrapado nuevamente en la espiral descendente destructiva que me divorció de mí mismo y de la realidad del mundo a mi alrededor. Ruego poder ajustarme a la gente y a las situaciones como realmente son, en lugar de tratar siempre de moldearlas, sin éxito y con frustraciones interminables, a mis deseos.

Hoy recordaré

Sólo puedo cambiarme a mí mismo.

Meditación del día

Una buena parte de mi vida, vi las cosas principalmente en términos negativos. *Todo* era serio, pesado, o simplemente horrible. Quizás ahora puedo realmente cambiar mi actitud, conociendo a los triunfadores en el Programa que aprendieron a vivir cómodamente en el mundo real —sin entorpecer sus cerebros con drogas que afectan el estado de ánimo. *Si las cosas se ponen difíciles hoy, ¿puedo tener un momento tranquilo, como dijo una vez el filósofo Homero: "Soporta pacientemente, corazón mío, porque tú has sufrido cosas más graves"?*

Oración

Que la paz de Dios, que va más allá de la comprensión humana, llene el espacio interior que una vez albergó a mi desesperación. Que el agradecimiento —incluso por las vicisitudes de la vida— cancele mis actitudes negativas anteriores. Durante momentos de congoja, ayúdame a recordar que mi corazón sufrió más pesadumbre aún.

Hoy recordaré

Yo también soy un triunfador.

Meditación del día

"Pienso que la visión es la habilidad de hacer buenos pronósticos", escribió a Bill W., el cofundador de Alcohólicos Anónimos. "Algunas personas pensarán que este esfuerzo es una herejía contra "un día a la vez". Pero este valioso principio se refiere realmente a nuestras vidas mentales y emocionales, y significa principalmente que no vamos a afligirnos torpemente por el pasado ni soñaremos despiertos con el futuro". *¿Puedo creer que "un día tiene cien bolsillos cuando se tiene mucho que guardar en ellos"...?*

Oración

Ruego que los colores brillantes de este día no se empañen por los caprichos del futuro ni se apaguen por los remanentes grises del pasado. Ruego que mi Poder Superior me ayude a escoger mis actos e intereses entre la riqueza de actividades que ofrece el día.

Hoy recordaré

No perderé hoy, si escojo para hoy.

Meditación del día

"Como individuos y en confraternidad", continuó diciendo Bill W, "seguramente sufriremos si consideramos la idea de hacer planes para el futuro como una idea ilusoria de la providencia. La providencia real de Dios ha dotado a los seres humanos de una capacidad considerable de previsión y, evidentemente, Él espera que la usemos. Por supuesto, con frecuencia calcularemos mal el futuro, en todo o en parte, pero eso es mejor que negarse a pensar". *¿He empezado a creer que soy sólo un actor en una obra dirigida por el director?*

Oración

Que pueda hacer uso prudente de la previsión y el poder de escoger que Dios me ha dado, para planear sabiamente, un paso a la vez, sin volverme un esclavo de la aprensión, pesar o ansiedad. Ruego que se cumpla la voluntad de Dios a través del ejercer mi propia voluntad, que Él, en su bondad, me ha dado.

Hoy recordaré

Dios le da poder a mi voluntad para ser.

Meditación del día

Estoy empezando a ver lo poco natural que fue realmente mi antigua vida, y que se hizo mucho menos natural a medida que mi enfermedad avanzaba. Cuanto más tiempo estoy en el Programa, más natural me parece este nuevo estilo de vida. Al principio, me era imposible tender mi mano a un recién llegado al Programa, era totalmente antinatural para mí. Pero gradualmente me resulta más fácil tender la mano a otra persona. Compartir mi experiencia, fuerza y esperanza está volviéndose una parte natural del diario vivir. *¿He aprendido que no puedo preservar lo que he conseguido a menos que lo "regale"? ¿Me tomaré el tiempo hoy para compartir?*

Oración

Que comparta mi amor, mi alegría, mi felicidad, mi tiempo, mi hospitalidad, mi conocimiento de las cosas terrenales y mi fe en un Poder Superior. Aunque no pueda ver los resultados de mis actos de compartir, que me alegre de los actos en sí. Que compartir, según el plan de Dios, se vuelva tan natural para mí como hablar o respirar.

Hoy recordaré

Nunca escatimar cuidar de otros o compartir.

Meditación del día

Hoy es el día que pedí y para el cual se me ha dado vigor. Eso en sí es un milagro. En mi antiguo estilo de vida, yo ponía constantemente en peligro a mí mismo y a muchas otras personas. El mero hecho de estar vivo es el gran milagro del que fluirán todos los demás, mientras continúe haciendo las cosas que me han hecho avanzar tanto en mi nueva vida. *¿Estoy agradecido de que se me brindó este día?*

Oración

Que la bondad y la misericordia de Dios me acompañen todos los días de mi vida. Que nunca cese de maravillarme del milagro mayor en mi vida: de estar vivo, aquí, en esta tierra verde y bella, y creciendo más saludable con las herramientas para proteger la vida que me han dado. Dado que Dios ha escogido darme la vida y conservarla, aún durante los peligros de la adicción, que pueda siempre escuchar el plan que Él tiene para mí. Que siempre crea en los milagros.

Hoy recordaré

Mi vida es un milagro.

Meditación del día

En el pasado, y a veces incluso ahora, he pensado automáticamente, *"¿por qué yo?"*, cuando trato de aprender que mi problema fundamental es aceptar mis circunstancias presentes como son, aceptarme a mí mismo y a las personas a mi alrededor tal como son. Así como finalmente acepté mi impotencia sobre mi adicción, debo también aceptar mi falta de poder sobre la gente, los lugares y las cosas. *¿Estoy aprendiendo a aceptar la vida tal como es?*

Oración

Que aprenda a controlar mi impulso de controlar, mi compulsión de dirigir, arreglar, organizar y etiquetar la vida de los demás. Que aprenda a aceptar las situaciones y las personas como son en lugar de como me gustaría que fueran. Por lo tanto, que pueda deshacerme de las frustraciones que, por su naturaleza, una persona controladora enfrenta constantemente. Que pueda estar completamente listo para que Dios quite este defecto de mi carácter.

Hoy recordaré

Control para el controlador (yo).

Meditación del día

Desde que vine al Programa he estado más consciente de la Oración de la Serenidad. La veo en las portadas de las publicaciones, en las paredes de las salas de reunión, y en las casas de nuevos amigos. "Dios, concédeme la serenidad para aceptar las cosas que no puedo cambiar, valor para cambiar aquéllas que puedo, y la sabiduría para reconocer la diferencia". ¿Entiendo yo la Oración de la Serenidad? *¿Creo en su poder y la repito a menudo? ¿Está haciéndose más fácil para mí aceptar las cosas que no puedo cambiar?*

Oración

Dios otórgame que las palabras de la Oración de la Serenidad nunca se hagan mecánicas para mí o pierdan su significado en la repetición monótona de los himnos religiosos. Ruego que estas palabras continúen adquiriendo nuevas profundidades de importancia a medida que incorporo a ellas las realidades de la vida. Confío poder encontrar en esta oración, que en su simplicidad abarca todas las situaciones de la vida, las soluciones que necesito.

Hoy recordaré

Compartir la oración.

Meditación del día

Las experiencias de miles y miles de personas han demostrado que la aceptación y la fe son capaces de liberarnos de la drogodependencia. Sin embargo, cuando aplicamos los mismos principios de aceptación y fe a nuestros problemas emocionales, descubrimos que sólo es posible obtener resultados *relativos*. Por ejemplo, nadie puede liberarse completamente del miedo, del enojo o del orgullo. Ninguno de nosotros logrará nunca el amor, la armonía o la serenidad perfecta. Nos tendremos que contentar con un avance gradual, acentuado a veces por reveses muy severos. *¿He empezado a abandonar mi antigua actitud de "todo o nada"?*

Oración

Que Dios me conceda la paciencia para aplicar esos mismos principios de fe y aceptación, que son claves para la recuperación, a todo mi ser emocional. Que aprenda a reconocer la ponzoña de mi propio enojo, de mi dolor, de mi frustración y de mi tristeza. Que pueda encontrar, con la ayuda de Dios, formas apropiadas de tratar estos sentimientos sin dañarme a mí o a los demás.

Hoy recordaré

Los sentimientos son hechos.

Meditación del día

Cuando tomo asiento serenamente y comparo mi vida con lo que era antes, la diferencia es casi increíble. Pero las cosas no siempre son color de rosa; unos días son mucho mejores que otros. Yo tiendo a aceptar los malos días más fácilmente a nivel intelectual que emocionalmente o a nivel de la voluntad. No hay una respuesta exacta, pero con seguridad, parte de la solución reside en el esfuerzo constante para practicar los Doce Pasos. *¿Acepto que mi Poder Superior nunca me dará más de lo que pueda afrontar —un día a la vez?*

Oración

Que pueda recibir energía en el conocimiento que Dios nunca nos da más de lo que podemos afrontar, que siempre pueda, de cierta forma, soportar el dolor actual, considerando que las tribulaciones de la vida, condensadas en un momento desastroso, me vencerían. Alabado sea Dios por darnos sólo esas tribulaciones que son a la medida de nuestras fuerzas, nunca destruyéndonos en nuestra debilidad. Que recuerde que la fortaleza crece del sufrimiento.

Hoy recordaré

El dolor actual es tolerable.

Meditación del día

El Programa y mis amigos en la confraternidad me han proporcionado un nuevo juego de herramientas para vivir. Incluso los lemas que una vez parecían triviales y vulgares están convirtiéndose ahora en una parte importante de mi vida diaria: Házlo con calma; Hacer primero las cosas importantes; Nada dura cien años. Si uso regularmente y bien todas mis herramientas, también me ayudarán a liberarme de esos sentimientos negativos como son la culpa, la ansiedad, la rebeldía y el orgullo. *Cuándo me siento deprimido, ¿uso las herramientas que han demostrado ser eficaces? ¿O aprieto mis dientes y sufro en un silencio doloroso?*

Oración

Alabo el funcionamiento maravilloso de mi Poder Superior por darme las herramientas para la recuperación, una vez que admití que era impotente frente al alcohol, a otras drogas o adicciones, y me entregué a la voluntad de Dios. Yo agradezco por los Doce Pasos, y por el compañerismo del grupo que me ayuda a verme sinceramente. Agradezco esas palabras y frases que se vuelven, a medida que las entendemos más completamente, los estandartes de nuestra celebración de la sobriedad.

Hoy recordaré

Compartir las claves para la recuperación.

Meditación del día

Admití que no podía ganar la batalla contra la bebida y las drogas por mi cuenta. Así que finalmente empecé a aceptar que la dependencia en un Poder Superior puede ayudarme a lograr lo que siempre me había parecido imposible. Dejé de correr y de luchar. Por la primera vez, empecé a aceptar. Y por primera vez, empecé a ser realmente libre. *¿Comprendo que no importa qué tipo de zapatos use cuando estoy huyendo?*

Oración

Que conozca la libertad que viene con la entrega a un Poder Superior —el tipo más importante de entrega que no significa "ceder" ni "rendirse" sino "entregar" mi voluntad a la voluntad de Dios. Como un fugitivo cansado del orden espiritual, que yo pueda dejar de esconderme, evitar, y huir. Que encuentre paz en la entrega, en el conocimiento de que Dios quiere que sea entero y sano y de que Él me mostrará el camino.

Hoy recordaré

Primero rendirse, luego la serenidad.

Meditación del día

Nunca debo olvidarme de quién y qué soy, ni de dónde vengo. Tengo que recordar el carácter de mi enfermedad y cómo era antes de venir al Programa. Trataré de conservar mi memoria fresca, sin perder el tiempo pensando mórbidamente en el pasado. No tendré miedo de disfrutar lo que es hermoso y de creer que tal como doy a los demás, me será dado. *¿Puedo permitirme el lujo de olvidarme de lo que era antes, aunque sólo sea por un minuto?*

Oración

Que nunca me olvide de los días dolorosos de mi adicción. Que no me olvide que me espera el mismo padecimiento si retrocedo a mis antiguos modelos de conducta. Que mirar al pasado me sirva para reforzar mi fortaleza presente y la fortaleza de otros como yo. Te imploro Dios, no me permitas dragar esos recuerdos para tratar de demostrar que mi sufrimiento es mayor que el de mis compañeros. Como otras personas drogodependientes, debo cuidarme de mi deseo de ser el centro de atención.

Hoy recordaré

Yo soy más cuando no trato de "ser más" que otros.

Meditación del día

Cuando vinimos por primera vez al Programa, voluntariamente o presionados, algunos de nosotros rechazábamos el concepto de "rendirse". Admitir derrota no era parte de nuestras creencias bien arraigadas. Pensábamos en las exhortaciones inmortales de no rendirse de Churchill en Dunquerque, o de Franklin D. Roosevelt después del ataque a Pearl Harbor. Al principio juramos en secreto que la idea de rendirse era inconcebible. *¿Creo verdaderamente que sólo a través de la derrota absoluta puedo dar los primeros pasos hacia la liberación y la fortaleza? ¿O todavía albergo dudas sobre el principio de "Dejar todo en las manos de Dios"?*

Oración

Que crea realmente que la entrega completa de todo mi ser a un Poder Superior es el camino a la serenidad. Porque sólo puedo ser entero en Él, con su poder para hacerme entero. Que pueda desprenderme de los sentimientos de "aguantar" y de nunca admitir derrota. Que puede desaprender el adagio que dice "nunca te des por vencido" y comprender que tal soberbia me puede alejar de la recuperación.

Hoy recordaré

De enteramente suyo a entero.

Meditación del día

Me han dicho repetidamente que debo esforzarme constantemente para desechar mis antiguas ideas. A veces yo pensaba "Eso es fácil de decir". Toda mi vida he sido programado, como una computadora, con datos específicos que producen respuestas predecibles. Mi mente todavía tiende a reaccionar como una computadora, pero estoy aprendiendo a destruir los archivos antiguos y literalmente me reprogramo. *¿Estoy dispuesto a abandonar totalmente mis antiguas ideas? ¿Soy intrépido y minucioso diariamente?*

Oración

Ayúdame a hacer un inventario diario de mis pensamientos nuevos y sanos, tirando los gastados, cuando los encuentre, sin pesar ni nostalgia. He superado esas antiguas ideas gastadas y raídas como un par de zapatos viejos. Ahora, bajo la luz, puedo ver que están llenos de agujeros.

Hoy recordaré

El Programa reprograma.

Meditación del día

Si estamos decididos a dejar de beber o de drogarnos, no debe haber duda alguna ni una noción escondida que nuestra alergia escondida del cuerpo y la obsesión de la mente se revertirán algún día. Nuestra regeneración procede de la paradoja espléndida de los Doce Pasos: la fuerza viene de la derrota completa y de la pérdida del estilo antiguo de vida que es una condición para encontrar uno nuevo. *¿Estoy convencido de que de la impotencia viene el poder? ¿Estoy seguro de que al entregar mi vida y mi voluntad, soy liberado?*

Oración

Que conozca el poder a través de la impotencia, la victoria a través de la entrega, el triunfo a través de la derrota. Que aprenda a abandonar toda traza del orgullo secreto de querer "hacerlo solo". Deja que mi voluntad sea absorbida y dirigida por la voluntad omnipotente de Dios.

Hoy recordaré

Dejar todo en las manos de Dios.

Meditación del día

Fue más fácil para mí aceptar la impotencia sobre mi adicción que aceptar la noción de que algún tipo de Poder Superior podría lograr lo que yo no había podido hacer por mi cuenta. Me bastó buscar ayuda y aceptar la confraternidad de los demás que sufrían como yo, para que el ansia por la bebida y las drogas me abandonara. Comprendí que si yo estaba haciendo lo que había sido incapaz de hacer solo, entonces lo hacía por algún poder fuera de mi ser y evidentemente superior. *¿He puesto mi vida en las manos de Dios?*

Oración

Que Dios borre el orgullo y la arrogancia que me impiden escucharlo. Que mi drogodependencia enfermiza y mi dependencia terca en quienes están cerca de mí se transforme en confianza en Dios. Sólo en este tipo de dependencia / confianza en un Poder Superior encontraré mi propia transformación.

Hoy recordaré

Yo dependo de Dios.

Meditación del día

El Dr. Harry Tiebout, el primer psiquiatra que reconoció el trabajo de Alcohólicos Anónimos, usó muchos conceptos del Programa en su propia práctica. Con el transcurso de los años su estudio de la "experiencia de la conversión" lo llevó a ver, primero, que es el acto de entrega el que inicia el cambio de lo negativo a lo positivo; segundo, que la fase positiva es realmente un *estado* de entrega que sigue al acto de rendición; y tercero que el estado de entrega, si se mantiene, suministra un tono emocional a todo el pensamiento y al sentimiento que asegura una adaptación saludable. *¿Estoy viviendo en un estado constante de entrega?*

Oración

Que entienda que no tengo que "desaprender" mi respeto por la "autosuficiencia", esa característica de la personalidad de la que escuché muchos elogios desde que era un niño. Sólo debe cambiar mi comprensión del trabajo. Dado que cuando sé que el "ego" es parte de Dios, que no soy nadie fuera de Él, no existe contradicción entre la autosuficiencia y la confianza en Dios. Que pueda depender en ese ser que es Dios.

Hoy recordaré

No dios en parte, pero parte de Dios.

Meditación del día

Cada persona, no importa cuál sea su aptitud para lo bueno o lo malo, es una parte de la economía Divina. Somos todos hijos de Dios, y es improbable que Él piense favorecer a uno más que a otro. Así que para todos nosotros es necesario aceptar los regalos positivos de Dios con profunda humildad, siempre teniendo presente que nuestras actitudes negativas fueron necesarias al principio, para llevarnos a un estado en que estaríamos listos para el don de las actitudes positivas por medio de la experiencia de la conversión. *¿Acepto el hecho que mi adicción y el fondo al que llegué son la base firme en la que descansa mi cimiento espiritual?*

Oración

Que sepa que desde el momento en que admití mi impotencia, era mío el poder de Dios. Cada paso a partir de ese momento de derrota ha sido en la dirección correcta. El Primer Paso es un paso gigantesco. A pesar de que con frecuencia se toma en desesperación, que pueda comprender que debo estar vacío de esperanza antes de poder llenarme con esperanza fresca, agotado de obstinación antes de sentir la voluntad de Dios.

Hoy recordaré

Poder a través de la impotencia.

Meditación del día

En un sentido cabal, somos prisioneros de nuestra incapacidad o renuencia para pedir ayuda a un Poder Superior a nosotros. Pero con el tiempo, rogamos que se nos alivie de la esclavitud del ego para que podamos cumplir mejor con la voluntad de Dios. Según las palabras de Ramakrishna, "El sol y la luna no se reflejan en aguas turbias, por lo tanto el Omnipotente no puede reflejarse en un corazón obsesionado por la idea "yo y mío". *¿Me he liberado de la prisión de la obstinación y del orgullo que yo mismo construí? ¿He aceptado la libertad?*

Oración

Que la palabra libertad tenga nuevos significados para mí, no sólo "la libertad *de*" mi adicción, sino "la libertad *para*" vencerla. No sólo la libertad de la esclavitud *de* la obstinación, sino la libertad *para* oír y practicar la voluntad de Dios.

Hoy recordaré

Liberarse *de* significa liberarse *para*.

Meditación del día

No debemos nunca cegarnos con la filosofía vana de que somos víctimas desgraciadas de nuestra herencia, de nuestra experiencia de la vida, y de nuestros ambientes —que éstas son las únicas fuerzas que determinan nuestras decisiones. Éste no es el camino a la libertad. Debemos creer que podemos realmente escoger. Como personas adictas, hemos perdido nuestra habilidad de escoger si vamos a seguir con nuestras adicciones. Pero finalmente hicimos opciones que provocaron nuestra recuperación. *¿Creo yo que al "convertirme en dispuesto" a hacer algo, he elegido la mejor de todas las opciones?*

Oración

Que me desprenda de la idea de que soy la víctima del mundo, un ser desafortunado, atrapado en una red de circunstancias, sugiriendo que otras personas me "deben algo" porque me han tocado malas circunstancias en este mundo. Siempre tenemos opciones. Que Dios me ayude a escoger sabiamente.

Hoy recordaré

Dios no es un maestro titiritero.

Meditación del día

Entre los muchos dones que nos ofrecen en el Programa está el don de la libertad. Sin embargo, paradójicamente, el don de la libertad tiene un precio; la libertad sólo puede lograrse pagando el precio llamado *aceptación*. Igualmente, entregarnos a la guía de Dios nos costará nuestra independencia, esa "mercancía" tan preciosa para los que siempre pensamos que podíamos y debíamos dirigir el espectáculo. *¿Vale mi libertad de hoy el precio de la aceptación?*

Oración

Dios enséñame la aceptación —la capacidad de aceptar las cosas que no puedo cambiar. Dios concédeme también el valor para cambiar las cosas que puedo cambiar. Que Dios me ayude a aceptar la enfermedad de mi adicción y me dé valor para cambiar mi conducta adictiva.

Hoy recordaré

Aceptar la adicción.
Cambiar la conducta.

Meditación del día

Incluso con una mayor comprensión del Programa y sus Doce Pasos, a veces podemos encontrar difícil creer que nuestro nuevo estilo de vida nos conduce a la libertad personal. Supongamos, por ejemplo, que me siento atrapado en un trabajo incómodo o en una relación personal conflictiva. ¿Qué estoy haciendo al respecto? En el pasado, mi reacción refleja era intentar manipular a las cosas y a las personas a mi alrededor para que fueran más aceptables para mí. Hoy comprendo que no se puede obtener la felicidad de esa manera. *¿Estoy aprendiendo que estar libre de la desesperación y la frustración sólo puede venir de cambiar las actitudes que están perpetuando las condiciones que me causan el pesar?*

Oración

Que se me den ojos avizores para ver —y para detenerme cuando esté manipulando las vidas de las personas que me rodean, mis asociados, amigos, familia. Que siempre sea consciente de que el cambio debe empezar dentro de mí.

Hoy recordaré

Cambiar desde adentro hacia afuera.

Meditación del día

La libertad personal está a mi alcance. No importa cuán íntimos sean los lazos de amor y de interés que me unen a mi familia y amigos, debo siempre recordar que soy un individuo, libre para ser yo mismo y vivir mi propia vida en serenidad y alegría. La palabra importante en este reconocimiento es *personal*. *Puedo* librarme de muchas relaciones que *parecen* necesarias. A través del Programa, estoy aprendiendo a desarrollar mi propia personalidad. *¿Estoy reforzando mi libertad personal dejando que otras personas controlen sus acciones y destinos?*

Oración

Que encuentre mi libertad personal reevaluando la relaciones, estableciendo nuevas prioridades, ganando respeto por mi propia persona. Que pueda dar a los demás espacio similar para que encuentren su propia libertad personal.

Hoy recordaré

Toma la libertad; es tuya.

Meditación del día

Sólo puedo lograr verdadera dignidad, importancia e individualidad dependiendo de un Poder que sea grande y bondadoso, más allá de todo lo que yo pueda imaginar o entender. Yo trataré de hacer lo que esté a mi alcance para usar este Poder al tomar todas mis decisiones. Aunque mi mente humana no puede prever el resultado, intentaré tener confianza en que no importa qué me toque enfrentar en la vida, en última instancia será por mi propio bien. *Sólo por hoy, ¿Podré tratar de vivir este día solamente, y no lidiar con el problema de toda mi vida de una sola vez?*

Oración

Que no tome decisiones ni diseñe cambios en el curso de mi vida sin hacer intervenir a mi Poder Superior. Que tenga fe en que el plan que Dios tiene para mí es mejor que cualquier otro plan que yo pueda pensar.

Hoy recordaré

Dios es el arquitecto. Yo soy el constructor.

Meditación del día

Ahora que estoy en el Programa, ya no soy esclavo del alcohol ni las drogas. Libre por fin de los temblores matinales, las arcadas, la barba de tres días, las pestañas desordenadas. Libre por fin de excusas y el temor a que se descubrieran; libre de las lagunas mentales; libre de mirar el reloj para conseguir desesperadamente y de algún modo el "primer trago" que necesitaba *¿Valoro mi libertad de no ser esclavo de las drogas?*

Oración

Alabado sea Dios que estoy libre de las drogas. Ésta es mi primera libertad y de ella se desarrollarán otras libertades —la libertad para evaluar mi conducta en forma cuerda y constructiva, libertad para crecer como persona, libertad para mantener relaciones personales sobre bases firmes. Nunca dejaré de agradecer a mi Poder Superior por alejarme de la esclavitud.

Hoy recordaré

Alabar a Dios por mi libertad.

Meditación del día

Yo imaginaba mi vida como si fuera una grotesca pintura abstracta: un montaje de crisis enmarcado por catástrofes de punta a punta. Mis días eran todos grises y mis pensamientos más grises todavía. Me asaltaba la aprensión y los miedos desconocidos. Estaba lleno de desprecio por mí mismo. No tenía idea de quién o qué era yo, o por qué era. Yo no extraño ninguno de esos sentimientos. Hoy, paso a paso, estoy descubriéndome y aprendiendo que tenga la libertad de ser yo mismo. *¿Agradezco por mi nueva vida? ¿He dedicado hoy el tiempo para dar gracias a Dios por estar limpio, sobrio y vivo?*

Oración

Que la calma venga a mí después del tumulto y las pesadillas del pasado. A medida que se desvanecen mis miedos y el desprecio a mí mismo, que sean reemplazados por las cosas del espíritu. Porque en el mundo espiritual, como en el mundo material, no hay espacio vacío. Que pueda ser colmado del espíritu de mi Poder Superior.

Hoy recordaré

La luz del amanecer ahuyenta las pesadillas.

Meditación del día

¿Obtuve la libertad simplemente porque un día fui débil y al día siguiente me hice repentinamente fuerte? ¿He cambiado de ser la persona desamparada y sin esperanza que parecía ser, simplemente resolviendo que de "ahora en adelante" las cosas serán diferentes? ¿Es sentirme hoy en día más a gusto en la vida el resultado de mi fuerza de voluntad? ¿Puedo decir que lo logrado ha sido por mis propios esfuerzos? Ahora está todo más claro porque me refugié en un Poder más grande que yo —que está más allá de mi capacidad de visualizar. *¿Considero que el cambio en mi vida es un milagro más allá del quehacer de cualquier poder humano?*

Oración

A medida que se suman los días de sobriedad, y que el momento de haber tomado la decisión está más lejano en el pasado —que nunca pierda de vista el Poder que cambió mi vida. Que recuerde que mi sobriedad es un milagro continuo, no sólo una transformación que ocurre una vez en la vida.

Hoy recordaré

La vida es un milagro continuo.

Meditación del día

Una de las cosas más constructivas que puedo hacer es aprender a escucharme y mantenerme en contacto con mis verdaderos sentimientos. Durante años, yo perdí la sintonía, y en cambio, me dejé llevar por lo que los demás sentían y decían. Incluso hoy, *otros* parecen haber resuelto todos sus problemas, mientras que yo estoy todavía tropezando. Por suerte, comienzo a entender que agradar a la gente toma muchas formas. Lenta, pero firmemente, yo también he comenzado a comprender que es posible cambiar mis modelos antiguos de comportamiento. *¿Me animaré a sintonizar con mi verdadero yo? ¿Escucharé atentamente a mi propia voz interna con la expectativa de oír algunas cosas maravillosas?*

Oración

Ruego que pueda respetarme lo suficiente como para escuchar mis verdaderos sentimientos, esas emociones que por tanto tiempo me rehusé a oír, nombrar o poseer, y que fermentaron en mí como si fueran un veneno. Que sepa que debo detenerme con frecuencia a observar mis sentimientos y a escuchar a mi yo interno.

Hoy recordaré

Yo seré dueño de mis sentimientos.

Meditación del día

Cuanto más tiempo estoy en el Programa, más claramente veo lo importante que es para mi comprender *por qué* hago lo que hago y digo lo que digo. En el ínterin, me estoy dando cuenta del tipo de persona que soy realmente. Por ejemplo, veo ahora que es más fácil ser sincero con los demás que conmigo mismo. Además estoy aprendiendo que estamos entorpecidos por la necesidad de justificar nuestros actos y palabras. *¿He hecho un inventario de mí mismo como lo sugieren los Doce Pasos? ¿He admitido mis faltas a mí mismo, a Dios y a otro ser humano?*

Oración

Que el proceso de recuperación no se vea obstaculizado por lo enorme que es el Cuarto Paso del Programa: hacer un inventario moral de mí mismo, o admitirme a mí mismo, a Dios y a otro ser humano estas imperfecciones. Que pueda saber que ser honesto conmigo mismo es extremadamente importante.

Hoy recordaré

No podré reformarme si tergiverso la verdad.

Meditación del día

Pensando en mi pasado, me doy cuenta de lo mucho que mi vida se fue en notar las faltas de los demás. A decir verdad, me daba mucha satisfacción, pero yo veo ahora lo sutil y perverso que fue el proceso. Al final, el efecto neto de notar las supuestas faltas de los demás fue darme permiso para permanecer cómodo sin estar consciente de mis propios defectos. *¿Sigo todavía criticando a los demás y de esa manera ignorando engañosamente mis faltas?*

Oración

Que pueda ver que mi preocupación con las faltas de los demás es realmente una cortina de humo para evitar observarme bien a mí mismo, así como también de reforzar mi ego fracasado. Que pueda examinar las razones de acusar a los demás.

Hoy recordaré

Acusar a los demás es como un juego.

Meditación del día

El Programa nos permite descubrir dos barreras que nos impiden ver el valor y la tranquilidad del enfoque espiritual: autojustificación, y creerse muy justo y bueno. La primera me asegura sombríamente que siempre tengo razón. La segunda me consuela erróneamente con la falsa ilusión de que soy mejor que los demás, que soy "más papista que el Papa". *Solamente hoy, ¿hago una pausa repentina mientras racionalizo y me pregunto: ¿por qué estoy haciendo esto?, ¿es sincera esta justificación?*

Oración

Que pueda superar la necesidad de tener siempre la razón y así conocer el sentimiento purificador de liberación que resulta de admitir un error. Que tenga cuidado de no ponerme como ejemplo de autocontrol y entereza y dé crédito, cuando se justifique, a un Poder Superior a mí mismo.

Hoy recordaré

Errar es humano, pero debo admitirlo.

Meditación del día

Es muy raro que un alcohólico en recuperación discuta ahora que *negar* es un síntoma primario de la enfermedad. El Programa nos enseña que el alcoholismo es la única enfermedad que convence a la persona afectada de que *no está enferma en absoluto*. No es sorprendente entonces, que nuestra vida de alcohólicos activos se caracterice por racionalizaciones sin final, muchas excusas, y en breve, una constante resistencia a aceptar que somos, sin lugar a dudas, diferentes en cuerpo y mente a nuestros semejantes. *¿Me he admitido a mi yo interno que no tengo poder sobre el alcohol?*

Oración

Que el Primer Paso del Programa no sea indiferente para mí, por el contrario, que logre admitir totalmente lo impotente que soy frente a mi adicción. Que pueda librarme de este primer síntoma —negar— que se rehúsa a reconocer otros síntomas de mi enfermedad.

Hoy recordaré

Rehusarme a negar.

Meditación del día

Si estoy angustiado, preocupado, exasperado o frustrado, ¿tiendo a racionalizar la situación y responsabilizar a otra persona? Cuando me siento así, ¿recurro en mi conversación a "*Él* hizo...", "*Ella* dijo...", "*Ellos* hicieron..."? O admito sinceramente que quizás sea mi culpa. Mi tranquilidad mental depende de superar mis actitudes negativas y la tendencia a racionalizar *¿Trataré, día tras día, de ser estrictamente sincero conmigo mismo?*

Oración

Que me contenga de hablar en tercera persona, "Él hizo..." o "Ellos prometieron..." o "Ella dijo que haría..." y oiga el reproche que se ha convertido en un patrón de comportamiento para mí y que preserva el engaño. Que pueda cambiar y enfrentarme a mí mismo.

Hoy recordaré

Sinceridad es la única forma.

Meditación del día

Yo era un experto en una valoración poco práctica de mí mismo. A veces, miraba sólo la parte de mi vida que parecía buena. Luego, exageraba todas las virtudes reales o imaginarias que había logrado. Me felicitaba a mí mismo por el excelente trabajo que estaba haciendo en el Programa. Por supuesto, esto generaba deseos de más logros y más aprobación. ¿No era ese el patrón de conducta de mis días de adicto activo? La diferencia ahora es que puedo usar la mejor excusa conocida —la excusa espiritual *¿Trato de racionalizar acciones premeditadas y conducta sin sentido en nombre de "objetivos espirituales"?*

Oración

Dios, ayúdame a saber si todavía ansío atención y aprobación al punto de exagerar mis propias virtudes y agrandar mis logros en el Programa o en otros lugares. Que pueda mantener una expectativa sensata de mis virtudes, al mismo tiempo que aprendo a respetarme a mí mismo

Hoy recordaré

Aprender a controlar la exageración.

Meditación del día

¿Por qué hago lo que hago? Por que dije lo que dije? ¿Por qué postergué una responsabilidad importante? Este tipo de preguntas, que me hago a mí mismo en momentos calmos de meditación, exigen respuestas sinceras. Tendré que pensar profundamente en esas respuestas, yendo más allá de las racionalizaciones tentadoras que carecen del barniz de la verdad. *¿He aceptado que la autoengaño sólo me perjudica a mí, mostrando una imagen turbia y falsa de la persona que soy?*

Oración

Que Dios me permita alejarme de mi cortina de mentirillas, excusas, racionalizaciones, justificaciones, distorsiones y mentiras, y deje entrar la luz en las auténticas verdades de mi persona. Que pueda conocer la persona que soy, y reconfortarme en la persona que puedo ser.

Hoy recordaré

Hola yo. Te presento al verdadero yo.

Meditación del día

Cuando cesamos por primera vez, de beber alcohol, usar drogas, comer demasiado o apostar, es un alivio tremendo darse cuenta de que las personas que conocemos en el Programa parecían muy diferentes a aquella masa de gente, aparentemente hostil, conocida como "Ellos". No encontramos crítica ni sospecha sino comprensión y cuidado. Sin embargo todavía encontramos personas que nos ponen los nervios de punta, dentro y fuera del Programa. Está claro que debemos comenzar a aceptar que *hay* personas que a veces dicen cosas con las que desacordamos, o hacen cosas que nos disgustan. *¿Estoy empezando a aprender que vivir con diferencias es esencial para mi consuelo y, a su vez, para continuar mi recuperación?*

Oración

Que pueda reconocer que las diferencias entre la gente son lo que hace funcionar a este mundo, y así tolerar a la gente que "me saca de quicio". Que pueda entender que les debo dar espacio, que algunas de mis actitudes hostiles hacia los demás pueden ser remanentes de los días insalubres cuando tendía a verlos como si estuvieran en mi contra.

Hoy recordaré

Aprenderé a aceptar las diferencias.

Meditación del día

El lema "Vivir y dejar vivir" puede ayudar muchísimo cuando tenemos problemas para tolerar la conducta de otras personas. Sabemos con certeza que el comportamiento de una persona, no importa lo ofensivo, desagradable o vil que sea, no justifica pagar el precio de una recaída. Nuestra propia recuperación es lo principal, y aún cuando no debemos tener temor de apartarnos de personas o situaciones que nos incomodan, debemos además hacer el esfuerzo de tratar de entender a los demás, especialmente a las personas "que nos sacan de quicio". *¿Puedo aceptar que en mi recuperación entender es más importante que ser entendido?*

Oración

Cuando me tope con la conducta desagradable de alguien, que pueda primero hacer todo lo posible para entender. Luego, si mi propia sobriedad parece amenazada, que pueda tener el valor de apartarme de la situación.

Hoy recordaré

Vivir y dejar vivir.

Meditación del día

Hasta hoy habíamos equiparado la idea de comenzar nuevamente con la de haber sufrido una previa derrota. Pero no siempre es así. Como los estudiantes que terminan la escuela primaria y comienzan sus estudios en la secundaria, o los trabajadores que encuentran nuevas formas de usar sus destrezas, nuestros comienzos no deben estar matizados por una sensación de fracaso. De cierta manera, todos los días son oportunidades para comenzar nuevamente. No debemos mirar hacia atrás con arrepentimiento. La vida no es una pizarra que debe borrarse si no se encuentra la solución correcta a los problemas, por el contrario, debe ser una pizarra que debe borrarse para dar lugar a lo nuevo. *¿Estoy agradecido de todo lo que me ha preparado para llegar a este comienzo?*

Oración

Que pueda entender que los fracasos pasados no deben dificultar mi nueva valentía, y proyectar sombras tenebrosas sobre mi nuevo comienzo. Que pueda aprender de los ejemplos de los demás en el Programa, que los fracasos anteriores, una vez corregidos y rectificados, pueden ser una base más sólida para una nueva vida que los éxitos fáciles.

Hoy recordaré

Los fracasos pueden ser la base de la recuperación.

Meditación del día

Siempre puedo obtener fuerza y consuelo de saber que pertenezco a una confraternidad mundial. Cientos y cientos de miles de personas que como yo trabajan juntos con un mismo propósito. Ninguno de nosotros tiene que estar solo nuevamente, porque cada uno de nosotros trabaja para el bienestar de los demás. Estamos unidos por un problema común que puede resolverse con amor y comprensión, y servicio mutuo. El Programa, como la pequeña rueda del himno antiguo, funciona por la gracia de Dios. *¿He agradecido a Dios hoy por ayudarme a encontrar el Programa que me muestra el camino a una nueva vida?*

Oración

Que pueda agradecer a Dios todos los días por disipar mi autoimpuesta soledad, por reavivar mi estoicismo, por guiarme al fondo inagotable de la amistad en el Programa.

Hoy recordaré

Tengo un mundo de amigos.

Meditación del día

Estoy muy agradecido por mis amigos en el Programa. Ahora estoy consciente de las bendiciones de la amistad, las bendiciones de la reunión y de estar a la orden cuando me necesiten. Ahora sé que si deseo tener un amigo, debo ser un amigo primero. *¿Podré prometer hoy ser un mejor amigo para más personas? ¿Trataré hoy en mis pensamientos, palabras y acciones, de demostrar el tipo de amigo que soy?*

Oración

Que pueda devolver a la confraternidad del Programa la amistad que tan ávidamente he tomado de él. Después de muchos años de disimular mi existencia solitaria mediante relaciones superficiales con la gente, que pueda aprender nuevamente la felicidad que es cuidar y compartir recíprocamente con los demás.

Hoy recordaré

Ser amigo.

Meditación del día

A veces oímos a alguien decir "Está bloqueando su propia luz". Esta es una imagen mental que revela claramente que muchos de nosotros tendemos a oscurecer nuestra propia felicidad pensando erróneamente. Aprendamos a ubicarnos de modo que la luz ilumine todo lo que hagamos. Es la única manera de vernos claramente a nosotros mismos y a nuestras circunstancias. Con el Programa y los Doce Pasos ya no tenemos que estar bloqueando nuestra propia luz ni tratar de resolver solos y a ciegas nuestros problemas. *Cuando me enfrento a un problema al parecer sin solución, ¿puedo preguntarme a mí mismo si estoy oscureciendo mi propia luz?*

Oración

Que no me entorpezca a mí mismo, ni enturbie mi claridad de pensamiento, ni tropiece en mis pies, ni bloquee la entrada a mi recuperación. Si veo que estoy oscureciendo mi propia luz, que pueda pedir a mi Poder Superior y a mis amigos en el grupo que me indiquen una nueva forma de ver la situación.

Hoy recordaré

Si todo lo que veo es mi sombra, estoy bloqueando mi propia luz.

Meditación del día

Hoy me tomaré el tiempo de pasar revista a los aspectos positivos de mi nueva vida y de las bendiciones que acompañan al milagro de mi recuperación. Estaré agradecido por la habilidad, al parecer simple, de comer normalmente, de dormir con la sensación de estar contento, de despertarme con la dicha de saber que estoy vivo. Estaré agradecido por la capacidad de enfrentar la vida en las condiciones que la vida me presenta, con tranquilidad de ánimo respecto a mí mismo y con pleno uso de mis facultades. *¿Puedo agradecer mis bendiciones, diariamente? ¿Busco a través de la oración y la meditación mejorar mi contacto consciente con Dios, como yo lo concibo?*

Oración

Que en este día de compartir amor, pueda enumerar todas las cosas buenas en mi vida y agradecer por ellas. Que no dé por sentado las bendiciones, incluyendo el palpitar de mi corazón, y la sensación de aire fresco renovado que respiro.

Hoy recordaré

Agradecer y considerar mis bendiciones.

Meditación del día

Cuándo me enfado, ¿puedo admitirlo y reconocerlo como un hecho sin dejar que el enojo aumente o explote de formas indebidas? Finalmente he comenzado a aprender que el enojo acumulado interrumpe rápidamente la tranquilidad mental que es tan esencial para mi continua recuperación. Cuando me enfurezco y pierdo el control, entrego sin darme cuenta el control a la persona, lugar o cosa que me enfureció. *Cuando me sienta enojado, ¿recordaré que estoy poniéndome en peligro? ¿Contaré "hasta diez" llamando a un amigo en el Programa y diré en voz alta la Oración de la Serenidad?*

Oración

Que pueda reconocer los sentimientos de ira y los pueda desechar gradualmente, aceptando que mi enojo es un hecho, en lugar de dejar que se convierta en cólera y estalle sin control.

Hoy recordaré

Enojarse pero no encolerizarse.

Meditación del día

¿Y qué del "enojo justificable"? Si alguien nos estafa o nos ultraja, ¿no tenemos el *derecho* a estar furiosos? Las experiencias aprendidas a golpes de otras personas en el Programa nos demuestran que actuar airado es extremadamente peligroso. Aunque debemos reconocer el enojo al punto de decir "estoy enfadado," no debemos dejar que se convierta en furia, aún cuando se justifique. *¿Puedo aceptar que si quiero vivir debo hacerlo libre de enojo?*

Oración

Aún cuando trate lo posible de evitarlas, que pueda estar consciente que habrá siempre ciertas situaciones o personas que me harán enojar. Cuando no se justifica que me enfade, si no hay razones válidas, puedo negármelo incluso a mí mismo. Que pueda reconocer mi enojo, sea razonable o no, antes de que me sepulte vivo.

Hoy recordaré

Está bien sentir enojo.

Meditación del día

Si hoy me enfado, haré una pausa y *pensaré* antes de decir algo, recordando que mi enojo puede volverse en mi contra y empeorar mis dificultades. Trataré de recordar que callar a tiempo puede brindarme control de una situación tensa, algo que *no ocurre* con reproches airados. En esos momentos de estrés, recordaré que mi poder sobre los demás no existe, y que sólo Dios es todopoderoso. *¿He aprendido que sólo puedo destruir mi propia tranquilidad mental?*

Oración

Que sepa que puedo escoger cómo manejar mi enojo —en silencio o con una rabieta, con furia, una pelea a puñetazos, una pelea con almohadas, una discusión, un plan detallado para desquitarme de la persona que lo causó, una mirada glacial, una declaración fría de odio o una declaración simple como "Estoy enojado contigo porque _____", (en 25 palabras o menos). Si fuera necesario, que pueda convertir mi enojo en energía y con ella lavar mi automóvil, jugar a los bolos, al tenis, o limpiar la casa. Ruego a Dios que me muestre las formas correctas de manejar mi enojo.

Hoy recordaré

"Estoy enfadado porque..."

Meditación del día

Nosotros aprendemos en el Programa que no podemos castigar a nadie sin castigarnos a nosotros mismos. La descarga de mis tensiones, incluso justificada, en cierta forma punitiva, deja en el camino jirones de amargura y dolor. Éste era el relato monótono de mi vida antes de entrar al Programa. De forma que en mi nueva vida, sería mejor que considere los beneficios a largo plazo de ser simplemente dueño de mis emociones, nombrándolas y de esa forma liberarlas. *¿Podrá escucharse la voz de Dios por encima de mis reproches estridentes?*

Oración

Que pueda evitar insultar a la gente e intercambios de palabras destructoras del ego. Si estoy enojado, que sepa responsabilizar a una persona por lo que hizo, en lugar de por lo que ella es. Que pueda abstenerme de despreciar, de criticar muy abiertamente los defectos de carácter o de abusar insensatamente. Que pueda contar con mi Poder Superior para que me muestre el camino a seguir.

Hoy recordaré

Lidiar debidamente con el enojo.

Meditación del día

Cuando una persona dice algo en forma desconsiderada u ofensiva, a veces decimos que se "*olvida de sí misma*", que significa olvidarse de su lado bueno en un arranque súbito de furia desenfrenada. Si recuerdo el tipo de persona que quiero ser, tengo la esperanza de no "olvidarme de mí" y de que no me derrote un ataque de ira. Yo creeré que lo positivo siempre derrotará a lo negativo: el valor vence al miedo; la paciencia supera al enojo y la irritabilidad; el amor supera al odio. *¿Estoy siempre esforzándome por mejorar?*

Oración

Ruego a Dios, a quien todas las cosas son posibles, que me ayude a convertir lo negativo en positivo, el enojo en energía superior, el temor en una oportunidad de ser valiente, el odio en amor. Que pueda tomarme el tiempo para recordar ejemplos de esas transformaciones de lo negativo a lo positivo durante toda mi vida. En primer lugar, está el milagro de Dios: mi liberación de la esclavitud de la adicción.

Hoy recordaré

Convertir lo negativo en positivo.

Meditación del día

Nos dicen a menudo en el Programa que "se nos revelará más". Cuando volvemos a tener salud y somos capaces de vivir a gusto en el mundo real sin usar drogas, empezamos muchas cosas con una nueva perspectiva. Por ejemplo, muchos de nosotros nos damos cuenta que nuestro enemigo mortal, el enojo, viene disfrazado de muchas formas y colores: intolerancia, desprecio, presuntuosidad, rigidez, tensión, sarcasmo, desconfianza, ansiedad, envidia, odio, cinismo, descontento, autocompasión, malicia, sospecha, celos. *¿Permito que mis sentimientos me controlen?*

Oración

Que pueda reconocer que mi enojo, como un danzante en un baile de disfraces, usa muchas formas y máscaras. Que pueda quitarle varias máscaras y conocerlo por lo que es.

Hoy recordaré

El enojo usa mil máscaras.

Meditación del día

¿Desperdicio mi tiempo y energía lidiando con situaciones que realmente no valen la pena? Como Don Quijote, el héroe meditabundo de la literatura española, ¿confundo molinos de viento con seres gigantes y peligrosos batallando con ellos hasta agotarme? Hoy no permitiré que mi imaginación convierta un problema pequeño en uno grande. Trataré ver cada situación claramente, dándole sólo el valor y la atención que se merece. *¿Creo, como sugiere el segundo de los Doce Pasos, que un Poder Superior a mí pueda restaurarme a la cordura?*

Oración

Dios, preserva la cordura de mi perspectiva. Ayúdame a no exagerar los problemas pequeños, a no dar demasiada importancia a las conversaciones casuales, a no hacer un volcán de un hormiguero. Impide que mis temores se agranden sin control, como sombras en la pared. Restaura mis valores, distorsionados en los tiempos de mi consumo de drogas.

Hoy recuerdo

La cordura es perspectiva.

Meditación del día

Cuando ingresé al Programa, conocí personas que sabían exactamente lo que yo quería decir cuando finalmente hablé de mis temores. Ellas habían pasado por las cosas que yo sufrí; ellas *entendieron*. Desde ese entonces aprendí que muchos de mis temores tienen que ver con proyección. Es normal, por ejemplo, tener un pequeño temor escondido de que la persona que amo me abandone. Pero cuando el miedo se apodera de mi presente y de la relación concreta con la persona que temo perder, entonces me equivoco. Mi responsabilidad conmigo mismo incluye lo siguiente: no debo temer a las cosas que no existen. *¿Estoy evolucionando de ser una persona temerosa a ser una persona sin miedo?*

Oración

Pido ayuda a Dios para ahuyentar mis miedos —esas invenciones, fantasías, pensamientos monstruosos, proyecciones de desastre que no tienen ninguna relación con el presente. Que pueda limitar el enfoque de mi imaginación y concentrarme en el presente, porque tiendo a ver el futuro a través de una lupa.

Hoy recordaré

Los miedos proyectados, como las sombras, son más grandes que la realidad.

Meditación del día

Los Doce Pasos nos enseñan que cuando crece la fe, también lo hace la seguridad. El miedo aterrador a la nada empieza a menguar. A medida que hacemos lo que el Programa nos pide, encontramos que el antídoto básico para el miedo es un despertar espiritual. Nosotros perdemos el miedo a tomar decisiones porque comprendemos que si nuestra opción resulta ser mala, podemos aprender de la experiencia. Y si nuestra decisión es correcta, podemos agradecer a Dios por darnos el valor y la gracia que causó que actuáramos así. *¿Agradezco el valor y la gracia que recibí de mi Poder Superior?*

Oración

Ruego que se me dé el poder de actuar, sabiendo que tengo por lo menos un 50% de posibilidad, de tomar la decisión correcta y de que puedo aprender de una mala decisión. Por mucho tiempo, la toma de decisiones parecía fuera del alcance de mis capacidades. Ahora, me alegro de que puedo escoger las opciones. Gracias, Dios, por darme valentía.

Hoy recordaré

Libertad es poder escoger.

Meditación del día

Yo puedo desterrar mi miedo comprendiendo la verdad. ¿Tengo temor a estar solo? Este miedo puede ser desterrado con el convencimiento de que nunca estoy solo, de que Dios siempre está conmigo dondequiera que me encuentre y en todo lo que haga. ¿Estoy asustado por no tener suficiente dinero para satisfacer mis necesidades? Este miedo puede ser desterrado con el convencimiento de que Dios es mi recurso inagotable, seguro, ahora y siempre. Hoy tengo el poder de cambiar el miedo en la fe. *¿Puedo decir con certeza, "confiaré y no tendré miedo"?*

Oración

Que no tenga temor a lo perverso, porque Dios está conmigo. Que aprenda a elevar mi mirada a mi Poder superior cuando tenga miedo. Ruego fervorosamente que mi fe en Dios, y la confianza en lo que Él tiene pensado para mí, sean suficientemente fuertes como para disipar los temores que sabotean mi valentía.

Hoy recordaré

Convertir el miedo en fe.

Meditación del día

Antes de venir al Programa, el miedo gobernaba nuestras vidas. Tiranizados por nuestras adicciones y obsesiones, temíamos a todo y a todos. Nos temíamos a nosotros mismos y sobre todo, teníamos temor al mismo miedo. Hoy en día, cuando acepto la ayuda de mi Poder Superior, siento que soy capaz de hacer todo lo que estoy llamado a hacer. Estoy superando mis temores y adquiriendo una nueva confianza reconfortante. *¿Puedo creer que "el valor es temor que ha dicho sus plegarias"?*

Oración

Dios concédeme que mediante la fe en ti pueda superar mis miedos obsesivos. He estado huyendo asustado por tanto tiempo que se ha vuelto una costumbre. Dios ayúdame a ver que estoy aferrado voluntariamente a mis temores para evitar tomar decisiones, e incluso para eludir la responsabilidad del éxito.

Hoy recordaré

El miedo me impide tomar riesgos.

Meditación del día

"Qué pasa si...". Cuán frecuentemente escuchamos decir eso a las personas recién llegadas al Programa. De hecho, cuántas veces tendemos a decirlo nosotros mismos. *"¿Qué pasa si pierdo mi trabajo?" "¿Qué pasa si se descompone mi automóvil?" "¿Qué pasa si me enfermo y no puedo trabajar?" "¿Qué pasa si mi hijo se hace adicto a las drogas?"* Qué pasa si —cualquier cosa que nuestra imaginación desesperada puede proyectar. Sólo tres palabras pequeñas, pero completamente cargadas de pavor, miedo y ansiedad. La respuesta a "Qué pasa si. . ." es clara y simple, "No proyectes". Sólo podemos vivir con nuestros problemas cuando aparecen, viviendo un día a la vez. *¿Estoy pensando positivamente?*

Oración

Que pueda crecer espiritualmente, sin que me paralicen mis ansiedades. Que los temores proyectados no afecten mis actividades ni me impidan aprovechar al máximo el día de hoy. Que pueda vencer al miedo con la fe. Bastará albergar a Dios en mi interior para que Él disipe mis temores.

Hoy recordaré

Sólo puedo pedir problemas prestados a altas tasas de interés.

Meditación del día

Si pudiera vivir simplemente un día a la vez, no me acecharía tan rápidamente el temor de lo que *podría* pasar mañana. Si me concentro en la actividad de hoy, no habrá lugar en mi mente para la preocupación. Intentaré llenar todos los minutos de este día con algo bueno que vea, oiga o logre. Luego, al terminar el día, podré recordarlo con satisfacción, serenidad y gratitud. *¿Albergo a veces malos sentimientos para sentir lástima de mí mismo?*

Oración

Que pueda zafarme de la compasión quejumbrosa que siento por mí mismo y vivir para hoy. Que pueda notar las "cosas buenas desde el amanecer al anochecer", aprender a hablar de ellas y agradecer a Dios por ellas. Que pueda corregirme cuando me sorprenda gozando más de mis quejas y lamentos que de las buenas cosas de mi vida.

Hoy recordaré

El día de hoy es bueno.

Meditación del día

En el Programa y en los Doce Pasos no enseñan que el detonante principal de nuestros defectos ha sido el miedo egoísta —principalmente el temor a perder algo que ya poseíamos o a no obtener algo que pedimos. Por vivir con expectativas insatisfechas nos encontrábamos obviamente en un estado de continua alteración y frustración. Por consiguiente, se nos enseña que no obtendremos tranquilidad a menos que encontremos la forma de reducir esas demandas. *¿Estoy completamente listo para que Dios quite todos mis defectos de carácter?*

Oración

Que no tenga expectativas poco realistas en la vida que, debido a su grandiosidad, no puedan cumplirse. Que no ponga demandas excesivas en los demás, que al no cumplirse, me dejen defraudado y decepcionado.

Hoy recordaré

La trampa para una desilusión.

Meditación del día

Sólo hoy, no tendré miedo a nada. Si mi mente está ocupada con temores infundados, los buscaré y los denunciaré por su falta de realidad. Me recuerdo a mí mismo que Dios me controla a mí y a mi vida, y lo único que debo hacer es aceptar su protección y guía. Lo ocurrido ayer no debe intranquilizarme hoy. *¿Acepto el hecho que está en mis manos hacer de hoy un día bueno con sólo la forma de pensar y hacer?*

Oración

Que pueda hacer de hoy un buen día. Que sepa que me atañe a mí asignarle las cualidades de la bondad, por medio de una actitud positiva hacia lo que brinda el presente. Que no me perturben los vestigios del pasado. Te ruego Dios, permanece cerca de mí todo este día.

Hoy recordaré

Hacer el bien.

Meditación del día

Ahora que somos libres y ya no dependemos de las drogas, tenemos mucho más control sobre nuestra forma de pensar. Sobretodo, somos capaces de cambiar nuestras actitudes. De hecho, algunos miembros de Alcohólicos Anónimos, pensaron en las letras AA como si fuera una abreviatura de "actitudes alteradas". En los terribles días del pasado, casi siempre respondía a una declaración optimista o positiva con "Sí, pero...". Hoy, por el contrario, estoy aprendiendo a eliminar esa frase negativa de mi vocabulario. *¿Estoy esforzándome para cambiar mi actitud? Estoy decidido a "acentuar lo positivo"?*

Oración

Que pueda encontrar la salud y la fortaleza que Dios brinda a las personas que permanecen a su lado. Que pueda seguir las guías espirituales del Programa, considerando los Doce Pasos, siguiendo cada uno de ellos, para luego practicar sus enseñanzas una y otra vez. Es ahí que está mi salvación.

Hoy recordaré

Practicar un paso, por lo menos.

Meditación del día

¿Por qué no uso parte del día de hoy para pensar en mis ventajas, en lugar de mis desventajas? ¿Por qué no pensar en las victorias, en lugar de las derrotas —sobre formas de ser amable y generoso? Mi tendencia siempre ha sido caer en un estado de hipnosis cínica, colocando etiquetas despectivas en prácticamente todo lo que hice, dije o sentí. Hoy tengo la intención de pasar una media hora tranquilo para obtener una perspectiva más positiva en mi vida. *¿Tengo la valentía de cambiar las cosas que puedo cambiar?*

Oración

Que logre tener una actitud más positiva a través de la tranquilidad y la autovaloración. Si soy una criatura de Dios, creada en su imagen y semejanza, debe haber algo bueno en mí. Pensaré en esa bondad y en sus manifestaciones. Dejaré de menospreciarme aún en mis pensamientos más secretos. Respetaré lo que es de Dios. Me respetaré a mí mismo.

Hoy recordaré

Respetarme a mí mismo es respetar a Dios.

Meditación del día

Desde que asisto al Programa he empezado a entenderme mejor a mí mismo. Unas de las cosas más importantes que aprendí es que las *opiniones* no son *hechos*. Simplemente que yo crea que algo es así, no lo *hace* necesariamente de esa forma. "Los hombres no se angustian por las cosas", escribió el filósofo griego Epíteto, "se angustian por las ideas que tienen de las cosas. Cuando encontramos dificultades que nos ponen ansiosos o preocupados, no culpemos a los demás, sino a nosotros mismos. Es decir, a nuestras ideas sobre las cosas". *¿Creo que nunca podré perder completamente lo que aprendí durante mi recuperación?*

Oración

Que pueda aprender a distinguir entre mis ideas sobre la realidad y la realidad misma. Que pueda entender que las situaciones, las cosas, incluso la gente, adoptan los aspectos y dimensiones de mis actitudes sobre ellas.

Hoy recordaré

Separar lo real de lo irreal.

Meditación del día

Podremos no saber cosas específicas sobre las actividades de hoy; podremos no saber si estaremos solos o con otras personas. Podremos creer que el día tiene demasiado tiempo o menos del necesario. Podremos estar enfrentando tareas que queremos completar rápidamente o que hemos estado resistiendo hacer. A pesar de que los detalles del día de cada persona difieren, el día de cada persona tiene una similitud: Cada uno de nosotros tiene la oportunidad de escoger tener pensamientos positivos. La opción depende menos de nuestras actividades externas que de nuestro compromiso interno. *¿Puedo aceptar que sólo yo tengo el poder de controlar mi actitud?*

Oración

Que pueda mantener, en este día glorioso, la motivación de mis compromisos internos, tanto sea que mis actividades sean una sucesión de tareas cotidianas, o flexibles y creadoras. Que pueda escoger hacer que este día sea bueno para mí, y para las personas que me rodean.

Hoy recordaré

Mantener el compromiso.

Meditación del día

Antes de recobrar la sobriedad con la ayuda del Programa, yo culpaba a otras personas, lugares y cosas de todos mis problemas. Ahora estoy aprendiendo a ver directamente a cada una de las dificultades, no tratando de ver a quien "reprochar", para descubrir cómo mi actitud ayudó a crear o agravar mi problema. Además debo aprender a enfrentar las consecuencias de mis propias acciones y palabras, y corregirme cuando esté equivocado. *¿Practico el Décimo Paso de continuar haciendo un inventario personal? Cuando estoy equivocado, ¿lo admito rápidamente?*

Oración

Que pueda conocer el alivio y el desahogo dichoso de admitir que he cometido un error. Que pueda aprender —quizás por primera vez en mi vida— a responsabilizarme de mis propios actos y enfrentar las consecuencias. Que pueda aprender nuevamente a relacionar los actos con las consecuencias.

Hoy recordaré

Responsabilizarme de mis propios actos.

Meditación del día

No hay ventaja ni ganancia ni, por supuesto, creci-miento cuando me engaño a mí mismo sólo para escapar las consecuencias de mis propios errores. Cuando comprenda esto, sé que estaré progresando. "Debemos ser internamente verdaderos con nosotros mismos, antes de conocer una verdad fuera de nosotros", escribió Thomas Merton en *Los hombres no son islas (No Man Is an Island)* "Pero nosotros nos hacemos verdaderos en nuestro interior manifes-tando la verdad como la vemos". *¿Soy verdadero conmigo mismo?*

Oración

Que pueda depender de mi Poder Superior para que me ayude a manifestar la verdad como yo la veo. Que no tenga que evitar las consecuencias nuevamente. Evitar consecuencias se convirtió en un juego para las personas drogadictas como yo, hasta que perdi-mos todo el sentido de la relación entre la acción y el resultado. Ahora que estoy sanando, te ruego Dios, restaura mi equilibrio.

Hoy recordaré

Relacionar el acto con la consecuencia.

Meditación del día

Es hora de comprender que mi actitud hacia la vida que llevo, y para con las personas en ella, puede tener un efecto tangible, mensurable y profundo cn lo que me pasa diariamente. Si yo espero algo bueno, con seguridad algo bueno vendrá a mí. Y si trato cada día de cimentar mi actitud y punto de vista en una base espiritual sólida, yo sé también que las circunstancias de mi vida cambiarán para mejor. *¿Acepto que se me ha dado un respiro diario que depende del mantenimiento de mi condición espiritual?*

Oración

Dado que mi enfermedad era espiritual, física y emocional, que pueda remediarla espiritualmente a través de la comunión diaria con Dios. Que pueda encontrar un rincón tranquilo dentro de mí para pasar unos momentos con Él. Que Él me manifieste su voluntad. Que pueda adorarlo desde ese templo que se encuentra dentro de mí.

Hoy recordaré

Pasar un momento tranquilo con Dios.

Meditación del día

Simplemente cambiando mi conducta, lo que diga y haga, no demuestra que haya habido un cambio en mi actitud interna actual. Me estoy engañando si creo que puedo disfrazar completamente mis verdaderos sentimientos. De alguna forma se manifestarán, prolongando las dificultades en mis relaciones con los demás. Debo evitar actuar a medias para librarme de emociones inquietantes que he estado tratando de esconder. *¿He hecho un inventario sincero de mí mismo?*

Oración

Yo sé que los sentimientos aflorarán de algún modo a veces apenas disfrazados de una conducta que no siempre puedo entender. Quizás, eso es más aceptable para mí que la raíz de la emoción que lo causó. Que pueda ser completamente honesto y alerta conmigo mismo. Que se me otorgue el discernimiento que resulta de depender de un Poder Superior.

Hoy recordaré

Los sentimientos pueden aflorar "lateralmente".

Meditación del día

Nosotros aprendemos en el Programa y en sus Doce Pasos que cuando crecemos espiritualmente, descubrimos que las antiguas actitudes hacia nuestros impulsos necesitan revisiones drásticas. Nuestras demandas por seguridad emocional y riqueza, por prestigio personal y poder, tienen que ser templadas y redireccionadas. Nosotros aprendemos que la satisfacción total de estas demandas no puede ser el único objetivo de nuestras vidas. Cuando estemos dispuestos a considerar primero el crecimiento espiritual —sólo entonces— tendremos una oportunidad real de crecer en nuestro conocimiento sano y en un amor maduro. *¿Estoy dispuesto a considerar primero el crecimiento espiritual?*

Oración

Que mi desarrollo como persona espiritual modere mis ansias habituales de seguridad material. Que pueda entender que la única seguridad real en la vida es la espiritual. Si tengo fe en mi Poder Superior, llegarán estas revisiones de mis actitudes. Que pueda crecer primero en el conocimiento espiritual.

Hoy recordaré

Valorar la vida del espíritu.

Meditación del día

En una carta a un amigo, AA Bill W., uno de los fundadores de AA escribió, "Nada puede ser más desmoralizador que una dependencia persistente y abyecta en otro ser humano. Esto a menudo representa la exigencia por un nivel de protección y amor que posiblemente nadie puede satisfacer. Finalmente, los protectores que esperamos se alejan, y nuevamente nos quedamos solos para crecer o para desintegrarnos". Nosotros descubrimos en el Programa, que la mejor fuente de estabilidad emocional es nuestro Poder Superior. Reconocemos que esa dependencia en su justicia perfecta, perdón y amor es sana, y que funciona donde nada más lo puede hacer. *¿Dependo de mi Poder Superior?*

Oración

Que pueda comprender que soy una persona dependiente. Yo he dependido de las drogas para alterar mis estados de ánimo y mis actitudes. También he creado lazos parasitarios con otras personas. Que deje de hacer exigencias emocionales poco realistas a los demás, que sirven sólo para sofocar las relaciones humanas maduras y dejarme confundido y decepcionado. Sólo Dios puede proporcionarme el tipo de amor verdadero que yo, como persona dependiente, parezco necesitar. Que pueda depender principalmente en Dios.

Hoy recordaré

Dios ofrece un amor perfecto.

Meditación del día

Desde que estoy en el Programa, he empezado a reconocer mi incapacidad anterior de formar una relación verdadera con otra persona. Parecería que mi preocupación obsesiva con el ego creó dos trampas desastrosas. O insistía en dominar a las personas que conocía, o dependía demasiado de ellas. Mis amigos en el Programa me enseñaron que mi dependencia significaba una demanda de poseer y controlar a las personas y a las condiciones que me rodeaban. *¿Trato todavía de encontrar seguridad emocional dominando o dependiendo en otras personas?*

Oración

Que pueda primero recurrir a Dios para satisfacer mi necesidad de amor, sabiendo que todo lo que se me pide es tener fe en Él. Que ya no tenga que implicar emocionalmente a las personas que amo, tanto sea dominándolas o siendo excesivamente dependiente en ellas, que es otra forma de dominación. Que pueda dar a los demás el espacio que necesitan para ser ellos mismos. Que Dios me muestre la forma de tener relaciones humanas maduras.

Hoy recordaré

Tener fe en su amor.

Meditación del día

Si examinamos cada problema que tenemos, sea grande o pequeño, encontraremos en su raíz una dependencia enfermiza y su correspondiente demanda enfermiza. Así que, con la ayuda de Dios, podremos librarnos continuamente de estas limitaciones. Es entonces que podremos ser libres para vivir y amar. Es entonces que podremos usar los Doce Pasos en nosotros mismos, así como en los demás, para lograr sobriedad emocional. *¿Intento difundir el mensaje del Programa?*

Oración

Que pueda primero organizarme emocional y espiritualmente por dentro, antes de hacer serios compromisos en las relaciones humanas. Que pueda observar minuciosamente la "dependencia" al alcohol u a otras drogas o en otros seres humanos y reconocerla como la fuente de mi inquietud. Que pueda transferir mi dependencia a Dios, como yo lo concibo a Él.

Hoy recordaré

Yo dependo de Dios.

Meditación del día

Toda mi vida busqué en los demás consuelo, seguridad y muchas cosas más que hoy llamo la serenidad. Pero me di cuenta que siempre buscaba en el sitio equivocado. La fuente de la serenidad está dentro de mí, no fuera de mí. El reino está dentro de mí y ya tengo la llave. Todo lo que necesito hacer es estar dispuesto a usarla. *¿Estoy usando las herramientas del Programa en forma diaria? ¿Estoy dispuesto?*

Oración

Dios me dio el valor para buscar el reino dentro de mí, para encontrar ese manantial en mi interior que tiene su fuente en el río interminable y vivificador de Dios. Que mi alma pueda renovarse allí. Que pueda encontrar la serenidad tan anhelada.

Hoy recordaré

Buscar el reino interno.

Meditación del día

Una cosa que me mantiene hoy en día en la dirección correcta es la lealtad para con los demás integrantes del Programa, no importa quienes sean. Nosotros dependemos el uno del otro. Yo sé, por ejemplo, que los defraudaría si volviera a tomar un trago. Cuando vine al Programa, me encontré con un grupo de personas que no sólo estaban ayudándose mutuamente a permanecer abstemios, sino que además eran leales con los demás al permanecer abstemios. *¿Soy fiel a mi grupo y a mis amigos en el Programa?*

Oración

Doy gracias a Dios por la lealtad y el compañerismo del grupo y por el compromiso mutuo que nos une. Que pueda dar al grupo en la misma medida que recibí de él. Después de haber sido por muchos años una persona que recibía, mi generosidad era nada más que una mercancía por la que esperaba ser pagado con aprobación, amor o favores. Que pueda conocer la dicha de dar, sin ninguna condición ni expectativas de recompensa.

Hoy recordaré

Un regalo perfecto no pide nada a cambio.

Meditación del día

Hubo días durante mi recuperación en los que casi todo parecía desolador e incluso desesperado. Me permití deprimirme y enfadarme. Veo ahora que no importa qué pienso ni qué siento, lo que cuenta es lo que hago. De manera que si me siento ansioso o perturbado, trato de actuar asistiendo a las reuniones, participando y trabajando con otras personas en el Programa. *Si Dios pareciera estar muy lejos, ¿quién se ha cambiado de lugar?*

Oración

Que ni la tristeza ni la ira me inmovilicen al punto de la desesperación. Que busque las raíces de la desesperación en este lío de emociones, las desenrede, y extraiga los sentimientos culpables, con el conocimiento de que me pertenecen. Sólo entonces puedo estar listo a actuar y a empezar a lograr resultados. Que aprenda a hacer uso de la energía generada por el enojo para fortalecer mi voluntad y alcanzar mis metas.

Hoy recordaré

Organizar mis sentimientos.

Meditación del día

El Programa nos enseña que somos diferentes en cuerpo y mente a nuestro prójimo. Se nos recuerda que la gran obsesión de cada bebedor anormal —y de todos los que tenemos adicciones—, es demostrar que de alguna manera, algún día, podremos controlar nuestro hábito de beber, comer y apostar. Se nos ha dicho que la persistencia de esta ilusión es asombrosa y nos puede perseguir hasta el umbral de la demencia o la muerte. *¿He admitido en lo más profundo de mi ser que, para mí, "uno es demasiado y mil no son suficientes"?*

Oración

Que no tenga ilusiones de que un día me convertiré en un bebedor o un drogadicto moderado después de haberlo sido obsesivamente. Que pueda callar la pequeña voz destructiva de mi soberbia que me miente, diciéndome que puedo volver a mi antigua adicción y controlarla. Este es un Programa sin retorno, y agradezco a Dios por él.

Hoy recordaré

Mi meta debe ser la abstinencia permanente —un día a la vez.

Meditación del día

Cuando oramos "No nos dejes caer en la tentación", es porque sabemos con certeza que la tentación nos acecha en cada esquina. Es astuta, desconcertante, poderosa y paciente; nunca sabemos cuando nos encontrará con nuestras defensas bajas. La tentación puede ser el canto de sirena de un aviso a todo color, el fragmento de una canción que recordamos a medias, o más claramente, el pedido expreso de otra persona. Debemos permanecer siempre alertas, y recordar que el primer trago nos embriaga, que el primer mordisco obsesivo puede causar comer en exceso, que la primera vuelta del dado puede destruir nuestras vidas. *¿Estoy consciente de mi prioridad número uno?*

Oración

Dios, líbrame de la tentación —tanto sea el jovial abandono alcohólico de mis amigos en una celebración especial, o la presión de mis amigos para "sentirse en el espíritu" de una fiesta— o el conocido entorno de un apartamento donde se pasan "joints" de marihuana, o el sonido de sacudir los dados, el olor de una panadería. Que pueda conocer los límites de la resistencia y permanezca dentro de ellos. Que pueda rendirme a la voluntad de Dios para dar un nuevo significado a la expresión, "Sentirse en el espíritu".

Hoy recordaré

Sentirse en el espíritu.

Meditación del día

A menudo en el pasado teníamos muchas experiencias devastadoras que habíamos jurado no repetir "nunca más". Éramos completamente sinceros en esos momentos de desesperación. Pero, a pesar de nuestras intenciones, el resultado era inevitablemente el mismo. Finalmente la memoria de nuestro sufrimiento se marchitaba, al igual que la memoria de nuestra "promesa". Así que lo hacíamos nuevamente, terminando aún peor que cuando prometimos no volver a hacerlo. Para siempre se convirtió en una semana, un día, o menos. Aprendimos en el Programa que sólo necesitamos preocuparnos del día de hoy, ese lapso específico de 24 horas. *¿Vivo mi vida sólo 24 horas a la vez?*

Oración

Que los requisitos a largo plazo de frases como "nunca más", "jamás", "para siempre", "nunca tomaré otro" no debilite mi determinación. "Para siempre" cuando esté dividida en días individuales —o incluso sólo parte de un día— no parece ser mucho tiempo. Que pueda despertar cada día con mi objetivo trazado para 24 horas.

Hoy recordaré

Veinticuatro horas a la vez.

Meditación del día

Hoy sé que para mí "tomar un trago", simplemente para matar el tiempo por unos minutos y luego dejar una propina en la barra, es algo que nunca más haré. Ahora esa primera bebida, me costaría mi cuenta bancaria, mi familia, mi casa, mi automóvil, mi trabajo, mi juicio, y probablemente mi vida. El precio es demasiado alto y también el riesgo es demasiado grande. *¿Recuerdas tu última borrachera?*

Oración

Que pueda ser fuerte sabiendo que el espíritu de Dios está conmigo en todo momento. Que aprenda a sentir su presencia. Que pueda saber que no podemos ocultar nada a Él. A diferencia del mundo que aprueba o desaprueba mi conducta externa, Dios ve todo lo que hago, pienso o siento. Si trato de cumplir su voluntad, puedo contar siempre con su recompensa, que es la tranquilidad mental.

Hoy recordaré

Dios lo sabe todo.

Meditación del día

Cuanto más tiempo estoy en el Programa, más importante se hace el lema "Hacer primero las cosas importantes". Yo creía que mi familia, mi vida hogareña y mi trabajo eran lo más importante. Pero hoy sé en el fondo de mi corazón que si no puedo permanecer abstemio, nunca tendré nada. Para mí "Hacer primero las cosas importantes", significa que todo en mi vida depende de seguir abstemio. *¿Me siento agradecido de permanecer abstemio hoy?*

Oración

Que mi prioridad, la primera cosa en mi lista de preocupaciones sea mi sobriedad, manteniéndola, aprendiendo a vivir a gusto con ella, compartiendo las herramientas que me ayudan a mantenerla. Cuando otras cosas se acumulan en mi vida y estoy atrapado en el quehacer de vivir, que pueda preservar el primero de mis objetivos que es seguir libre de sustancias adictivas.

Hoy recordaré

Hacer primero las cosas importantes.

Meditación del día

El Programa nos enseña que sufrimos de una enfermedad incurable. Siempre empeoramos, nunca mejoramos. Pero somos afortunados porque nuestra enfermedad incurable puede interrumpirse, con la condición de que no tomemos el primer trago, un día a la vez. A pesar de la investigación y los estudios hechos en altos círculos académicos y por investigadores de renombre, sabemos por experiencia que no podemos controlar nuestro hábito de beber por la misma razón que no podemos controlar la marea del océano. *¿Tengo alguna duda que que soy impotente frente al alcohol?*

Oración

Que nunca me deje engañar por los resultados de una investigación a corto plazo que diga que el alcoholismo puede curarse, que me haga creer que puedo comenzar a beber otra vez, supuestamente, en forma responsable. Mi experiencia y la experiencia de otras personas en el Programa pondrán esas teorías en tela de juicio. Que *sepa* que mi enfermedad se puede detener, pero no curar. Que sepa que si volviera a retomar mi adicción, comenzaría en el punto donde la dejé, lo más cercano posible a la muerte o la demencia.

Hoy recordaré

Tener cuidado de las nuevas teorías.

Meditación del día

De vez en cuando, me pongo a pensar que quizás las cosas no eran tan malas como parecían. En esos momentos, trato de comprender que mi *enfermedad* me está hablando, tratando de tentarme a negar que yo, de hecho, estoy afligido con una enfermedad. Uno de los pasos claves de acción del Programa es ofrecer nuestra enfermedad a Dios, como lo concebimos a Él, aceptando nuestra impotencia ante su Poder que es mayor que el nuestro. *¿Creo que la gracia de Dios puede hacer por mí lo que yo nunca podría hacer solo?*

Oración

Que pueda saber que gran parte de nuestras vidas depende de la fe. Porque no podemos saber los límites del espacio y el tiempo ni explicar los misterios de la vida y la muerte. Pero cuando vemos a Dios obrando a través nuestro y de otras personas que encontraron una nueva vida en el Programa, es toda la prueba que necesitamos para saber que Él existe.

Hoy recordaré

El gran círculo de la vida gira con la fe.

Meditación del día

El Programa nos enseña, a través de la experiencia, la fortaleza y la esperanza de la confraternidad, que la peor situación imaginable no justifica volver a nuestra adicción. No importa lo mala que sea una situación o las circunstancias, el retorno a nuestros antiguos patrones de comportamiento, incluso por un minuto, seguramente, lo empeorará. *¿Estoy agradecido por el compartir y el cuidado que ocurre en el Programa?*

Oración

Que insista en que no hay piedra que sea tan pesada como para hundirme en el foso de mi adicción. No existe carga, desilusión, orgullo herida o pérdida de amor humano que valga el precio de volver a mi antiguo estilo de vida. Que cuando albergue pensamientos de que la vida "es demasiado pesada" para mí, que nadie puede "aguantar tanto y permanecer cuerdo", o de que soy la "víctima", pueda oir el tono de mis quejas y recordar que he escuchado esos lamentos antes, antes de darme cuenta de que era impotente frente a las drogas y antes de rendirme a la voluntad de Dios. Esos lamentos me predisponen para ponerme "high" nuevamente. Que Dios mantenga mis oídos alerta al tono de mis propias quejas.

Hoy recordaré

Escuchar mis propias quejas.

Meditación del día

Todos nosotros enfrentamos complicaciones y problemas en la vida cotidiana, no importa si hemos estado en el Programa dos días o 20 años. A veces me agrada creer que podríamos ocuparnos de todos nuestros problemas *ahora mismo,* pero muy rara vez ocurre así. Si recordamos el lema "tomarlo con calma" cuando estamos a punto de sentir pánico, aprenderemos que la mejor manera de lidiar con las cosas es con "calma". Tratamos paso a paso de hacer las cosas de la mejor manera posible. Decimos "tómalo con calma", y lo hacemos. *¿Están los lemas del Programa creciendo junto conmigo a medida que avanzo en el Programa?*

Oración

Que incluso las palabras "tómalo con calma" me sirvan para aminorar la marcha en mi prisa para lograr las cosas demasiado rápido. Que la palabra "calma" sea suficiente para apaciguar los azotes que impulsan mis ambiciones, para aflojar el acelerador que me hunde en situaciones, sin pensarlo bien antes de actuar, para disminuir la cantidad de horas que utilizo en búsqueda de la felicidad material. Que pueda prestar atención al adagio de que Roma no fue construida en un día. Tampoco podré encontrar soluciones a mis problemas de una vez.

Hoy recordaré

Tómalo con calma.

Meditación del día

Si una persona drogodependiente quiere vivir con éxito en la sociedad, debe reemplazar el poder de las drogas en su vida con otro poder positivo, preferentemente o por lo menos neutral, pero no negativo. Es por eso que decimos a la persona agnóstica que recién llega al Programa: si no puede creer en Dios, que busque un poder positivo que sea tan fuerte como su adicción. La persona agnóstica se siente libre en el Programa de encontrar su Poder Superior y puede usar los principios del Programa y la terapia de las reuniones para ayudar a reconstruir su vida. *¿Trato de ayudar lo más que puedo a los recién llegados al Programa?*

Oración

Que el poder del Programa obre milagros por igual en las personas que creen en un Dios personal o en un Espíritu universal, o en la fortaleza del mismo grupo, o para las personas que definen su Poder Superior de acuerdo a como lo conciben. Si las personas nuevas en el Programa se muestran incómodas por la religiosidad del Programa, que pueda aceptarlas con sus propias condiciones espirituales. Que pueda reconocer que todos somos seres espirituales.

Hoy recordaré

Cada persona tiene su propia espiritualidad.

Meditación del día

Yo sé ahora que estar activo significa tratar de vivir haciendo lo mejor posible los pasos sugeridos por el Programa. Significa esforzarse para lograr cierto grado de sinceridad, primero conmigo mismo, y luego con los demás. Significa una actividad dirigida hacia adentro, para permitir verme más claramente a mí mismo y a la relación con mi Poder Superior. A medida que sea más activo, dentro y fuera de mí, podré crecer en el Programa. *¿Dejo que los demás hagan todo el trabajo en las reuniones? ¿Cumplo con mi responsabilidad?*

Oración

Comprendo que "entregar mi voluntad y dejar que Dios obre" no significa que no tenga que esforzarme en el Programa. Depende de mí trabajar los Doce Pasos, para aprender algo completamente nuevo para mí —la honestidad. Que pueda diferenciar entre actuar sólo por actuar, y la actividad bien pensada que me ayuda a crecer.

Hoy recordaré

"Que se haga la voluntad de Dios" significa dejar que Él nos muestre cómo hacerlo.

Meditación del día

Acumular agravios no sólo es una pérdida de tiempo, sino además un desperdicio de una vida que podría vivirse con mayor satisfacción. Si llevo una contabilidad de "angustias y oprobios", sólo estoy restaurando una realidad dolorosa.

—Nunca olvidaré el horror de ese momento,
—dijo el Rey,
—Sin embargo, te olvidarás —dijo la Reina—,
si no tomas nota de él.

(LEWIS CARROLL. *A TRAVÉS DEL ESPEJO*)

¿Tengo un depósito secreto para las ruinas de mi pasado?

Oración

Dios líbrame de albergar el lodo del pasado —los agravios, las molestias, los rencores, los oprobios, los errores, las injusticias, los desprecios, los desaires y el sufrimiento. Ellos me mortificarán y consumirán mi tiempo reorganizando lo que yo "podría haber dicho" o hecho hasta que los enfrente uno a uno, nombre la emoción que produjo en mí, la resuelva lo mejor posible, y la olvide. Que pueda vaciar mi depósito de antiguos resentimientos.

Hoy recordaré

Dejar los problemas en el pasado.

Meditación del día

Nosotros debemos pensar profundamente en todas esas personas enfermas que vendrán al Programa. A medida que tratan de retornar a la fe y a la vida, queremos que ellas encuentren todo lo que necesitan en el Programa tal como lo encontramos nosotros, incluso más si fuera posible. Ningún cuidado, vigilancia, ni esfuerzo por conservar la efectividad constante y fortaleza espiritual del Programa será nunca demasiado grande para prepararnos completamente para el día del encuentro. *¿Respeto las Tradiciones del Programa como es debido?*

Oración

Dios ayúdame a cumplir con la parte que me corresponde para que el grupo sea un recurso vital para las personas que están sufriendo todavía de adicciones, para mantener los Doce Pasos y las Tradiciones que han surtido su efecto para mí, en las personas que llegarán al Programa. Que el Programa sea como un regreso al hogar para los que compartimos la enfermedad de la adicción. Que pueda encontrar soluciones comunes para los problemas comunes que generan la enfermedad.

Hoy recordaré

Cumpliré con la parte que me corresponde.

Meditación del día

¿Cuál es la definición de humildad? "La humildad absoluta", dijo Bill W., uno de los fundadores de AA "sería un estado de libertad completa de mí mismo, de todas las demandas de mis defectos de carácter, que son tan pesadas para mí ahora. La humildad perfecta sería la completa buena voluntad, en todo momento y lugar, de encontrar y hacer la voluntad de Dios". *¿Estoy tratando de lograr la humildad?*

Oración

Que Dios expanda mi interpretación de la humildad más allá de la subordinación abyecta o de asombro de la grandeza de los demás. Humildad significa también la liberación de mí mismo, una libertad que llega sólo al ofrecer mi ser a la voluntad de Dios. Que pueda sentir la omnipotencia de Dios que es a la vez sumisa y estimulante. Que pueda estar dispuesto a hacer su voluntad.

Hoy recordaré

La humildad es libertad.

Meditación del día

"Cuando reflexiono en esa visión", continuó diciendo Bill W., "no debo descorazonarme por nunca alcanzarla, ni tampoco llenarme con el engreimiento de que uno de estos días sus virtudes puedan ser mías. Sólo debo permanecer en la visión en sí, permitiéndole crecer y que rebose mi corazón aún más. Es entonces que obtengo una idea sensata y sana de dónde estoy en el camino de la humildad. Veo que, prácticamente, el trayecto hacia Dios apenas comienza. A medida que vuelvo a mi volumen y estatura normales, la preocupación conmigo mismo y con mi importancia se vuelve cómica. *¿Me tomo demasiado en serio?*

Oración

Que el delirio de grandeza, que es un síntoma de mi drogadicción, alcance su debida perspectiva con una simple comparación de lo impotente que soy sin el poder de Dios. Que pueda pensar en el significado del Poder Superior en lo relacionado a mi fragilidad humana. Que pueda reducir mi ego a la medida correcta y despojarme de mis defensas de ostentación o arrogancia o ideas secretas de autoimportancia.

Hoy recordaré

Él es grande. Yo soy pequeño.

Meditación del día

Mi enfermedad es diferente de otras enfermedades en que *negar* que estoy enfermo es el síntoma primario de que *estoy* enfermo. Sin embargo, como otras enfermedades incurables como la diabetes y la artritis, se caracteriza por las recaídas. En el Programa, nosotros las llamamos "tropiezos". Lo que sé con certeza es que yo soy la única persona que puede causar el tropiezo. *¿Recordaré en todo momento que el pensamiento precede a la acción? ¿Intentaré evitar pensar en la atracción a la bebida?*

Oración

Que Dios me brinde el poder de resistir a las tentaciones. Que la responsabilidad de ceder, de tener un "tropezón", sea mía solamente. Que pueda ver de *antemano* que me estoy predisponiendo para el tropezón de culpar a los demás, evitando la responsabilidad para conmigo mismo, convirtiéndome nuevamente en la marioneta más miserable del mundo. Mi retorno a esas antiguas actitudes puede considerarse un tropiezo, así como lo sería perder mi sobriedad.

Hoy recordaré

Nadie es inmune a los tropiezos.

Meditación del día

Si no queremos resbalar, evitemos las superficies resbaladizas. Para el glotón, eso significa evitar pasar por su pastelería favorita, para el jugador significa evitar lugares donde se juega al póquer y el hipódromo. Para mí, ciertas situaciones emocionales pueden ser esas superficies resbaladizas, tal como lo es la complacencia con mis ideas anteriores, por ejemplo, o un resentimiento muy arraigado al que se le permitió crecer a punto de explotar. *¿Llevo los principios del Programa conmigo dondequiera que vaya?*

Oración

Que aprenda a no ponerme a pruebas muy duras como si me "lo estuviera buscando": entrando a un bar, a una pastelería o al hipódromo. Ese tipo de prueba puede ser peligroso, especialmente si me incitan no sólo la sed o el apetito o un anhelo por la antigua adicción, y además otras personas atrapadas todavía en su adicción y cuya responsabilidad moral está reducida a cero.

Hoy recordaré

Evitar las superficies resbaladizas.

Meditación del día

¿Cuáles son las causas de los tropiezos? ¿Qué le pasa a una persona que parece entender y vivir como aconseja el Programa, pero que decide caer en la tentación? ¿Qué puedo hacer para que no me ocurra a mí? ¿Existen ciertas coincidencias entre las personas que tropiezan, un común denominador que pueda aplicarse? Cada uno de nosotros puede sacar sus propias conclusiones, pero aprendimos en el Programa que la falta de acción garantiza que eventualmente tropezaremos. *Cuando una persona que tropezó tiene la suerte de volver al Programa, ¿escucho atentamente lo que dice sobre su recaída?*

Oración

Que mi Poder Superior —si le presto atención— me muestre si me estoy preparando para beber o drogarme nuevamente. Que pueda aprender de la experiencia de los demás que las razones para interrumpir mi determinación, o la carencia de voluntad, frecuentemente proviene de lo que no hice en lugar de en lo que hice. Que pueda seguir asistiendo a las reuniones.

Hoy recordaré

Seguir volviendo a las reuniones.

Meditación del día

En la mayoría de los casos, la persona que tropezó y vuelve al Programa, dice, "dejé de asistir a las reuniones", o "me cansé de los mismos relatos repetidos y de las mismas caras", o "mis compromisos externos me llevaron a cortar las reuniones", o "sentí que había recibido todos los beneficios posibles de las reuniones, de manera que busqué ayuda adicional en otras actividades más significativas". Para resumir: dejaron de ir a las reuniones. Escuché un refrán en el Programa que le pega justo en el clavo. "Las personas que dejan de ir a las reuniones, no están presentes en las reuniones para oír lo que les ocurre cuando dejan de ir a las reuniones". *¿Asisto a suficientes reuniones para beneficiarme?*

Oración

Dios, ayúdame a permanecer en el camino del Programa. Que nunca esté demasiado cansado, ocupado, complaciente o aburrido como para ir a las reuniones. Casi siempre, basta con tener la voluntad de ir a la reunión para que esas quejas se reviertan. Mi fatiga se transforma en serenidad. Mi excesiva actividad se reduce a su medida debida. Mi complacencia da lugar nuevamente a mi vigilancia. ¿Cómo voy a estar aburrido en un lugar donde existe tanta camaradería y alegría?

Hoy recordaré

Asistir a las reuniones.

Meditación del día

Otro común denominador entre las personas que tropiezan es no usar las herramientas de los Doce Pasos que ofrece el Programa. Los comentarios que se oyen más a menudo son: "yo nunca trabajé los Pasos," "nunca llegué más allá del Primer Paso," "trabajé los Pasos muy lentamente," o "muy rápidamente" o "demasiado pronto". En resumen, esas personas consideraron los Doce Pasos, pero no los aplicaron en sus vidas en forma escrupulosa y sincera. *¿Estoy aprendiendo a protegerme y ayudar a otras personas?*

Oración

Que pueda practicar los Doce Pasos, no sólo escucharlos. Que me dé cuenta de algunos de los deslices comunes que llevan a una caída: ser demasiado orgulloso para admitir el Primer Paso; aferrarse demasiado al quehacer terrenal como para sentir la presencia de un Poder mayor que yo. Estar completamente abrumado por el pensamiento de preparar el Cuarto Paso, que es hacer un inventario moral completo. Ser demasiado reservado como para compartir ese inventario. Te ruego, Dios, guíame al hacer el trabajo de los Doce Pasos.

Hoy recordaré

Cuidar por donde camino.

Meditación del día

Otro punto en común que invariablemente vemos entre las personas que tropiezan es que muchas de ellas se sintieron descontentas con el presente. "Me olvidé de vivir un día a la vez", o "Comencé a anticipar el futuro", o "Comencé a planear los *resultados, no sólo hacer planes*". Aparentemente se olvidaron de que todo lo que tenemos es el presente. La vida continuó mejorando para ellas, y como muchos de nosotros, se olvidaron de lo terrible que era antes. En su lugar, comenzaron a pensar en lo insatisfactorio que era comparado con lo que pudiera ser. *¿Comparo hoy con ayer, comprendiendo, en ese contraste, los muchos beneficios y bendiciones que tengo hoy?*

Oración

Si me desanimo con el presente, que recuerde los dolores y malestares del ayer. Si me impaciento por el futuro, permíteme apreciar el presente y lo mucho mejor que es comparado con la vida que dejé en el camino. Que nunca me olvide del principio "un día a la vez".

Hoy recordaré

La locura del pasado.

Meditación del día

¿Qué decimos a una persona que ha cometido un desliz o a otra que pide ayuda? Podemos llevarle el mensaje, si está dispuesta a escuchar; podemos compartir nuestra experiencia, fortaleza y esperanza. Sin embargo, la cosa más importante que podemos hacer es decirle que la amamos, que estamos realmente contentos de que haya vuelto, y que queremos ayudarla en todo lo que podamos. Pero debemos creerlo sinceramente. *¿Puedo todavía "ir a la escuela" a continuar aprendiendo de los errores y adversidades de los demás?*

Oración

Que siempre tenga suficiente amor para dar la bienvenida al grupo a alguien que tropezó. Que escuche con humildad la historia penosa de esa persona. Porque es allí donde voy a encontrarme con mi Poder Superior. Que pueda aprender de los errores de los demás y orar para no imitarlos.

Hoy recordaré

La sobriedad nunca es a prueba de fracaso.

Meditación diaria

Nuestro crecimiento espiritual y emocional dentro del Programa no depende tanto del éxito sino de nuestros fracasos y reveses. Si tenemos esto presente, una recaída puede tener el efecto de motivarnos a cambiar, en lugar de deprimirnos. En el Programa no hemos tenido un mejor maestro que la adversidad, excepto en los casos donde nos rehusamos a aprender de ella. *¿Trato siempre de seguir dispuesto a que se me enseñe?*

Oración

Que respete todo el Programa, con sus posibilidades inagotables para hacerme crecer espiritual y emocionalmente, para considerar una recaída como una experiencia de aprendizaje, no como "el fin del mundo". Que la recaída de cualquiera de nuestros compañeros sirva no sólo para enseñar a la persona que recayó, sino también a todos nosotros. Que fortalezca nuestra determinación compartida.

Hoy recordaré

Si tropiezo, me levantaré.

Meditación del día

Frecuentemente, aprendemos que las personas recién llegadas al Programa tratan de guardarse las "falsedades" de sus vidas. Al tratar de evitar la experiencia humillante del Quinto Paso, se vuelcan hacia una forma aparentemente más fácil y suave. Casi invariablemente, recaen. Después de haber perseverado con el resto del Programa, se preguntan por qué recayeron. Es probable que la razón sea que nunca resolvieron completamente sus problemas. Claro, hicieron un buen inventario, pero se aferraron a algunos de los peores artículos en existencia. *¿He admitido a Dios, a mí mismo, y a otro ser humano la naturaleza exacta de mis males?*

Oración

Que pueda incluir toda la mezquindad de mi pasado, mis crueldades y mis deshonestidades, en un inventario moral completo de mí mismo. Que no me guarde nada por sentir vergüenza ni orgullo, dado que la "naturaleza exacta" de mis errores significa exactamente eso: un recuento minucioso y exacto de los errores y las fallas de carácter del pasado. Se nos ha proporcionado un sitio apropiado para "descargar" los problemas. Que lo use para lo que fue pensado. Que todas las cosas a desechar, la basura y los disfraces gastados del pasado, sean el cimiento sobre el que se construirá la nueva vida.

Hoy recordaré

La basura puede ser el origen de tesoros.

Meditación del día

La fe es mucho más que nuestro don más importante; compartirla con otras personas es nuestra mayor responsabilidad. Que los que estamos en el Programa busquemos afanosamente la sabiduría y la voluntad con las cuales podemos cumplir la inmensa confianza que el Donador de todos los dones perfectos ha depositado en nuestras manos. *¿Si oras, por qué te preocupas? ¿Si te preocupas, por qué oras?*

Oración

Nuestro Dios es una fortaleza poderosa, un baluarte que nunca nos falla. Alabemos a Dios por nuestra liberación y nuestra protección. Él nos da el don de la fe para compartirla. Que podamos comunicarla lo mejor posible entre otras personas, con el espíritu de amor que Él nos dio.

Hoy recordaré

Dios nunca nos defraudará.

Meditación del día

El cambio es la característica de todo crecimiento. De la bebida a la sobriedad, de la deshonestidad a la honestidad, del conflicto a la serenidad, de la dependencia infantil a la responsabilidad adulta –todo esto, e infinitamente más, representan cambios para bien. Sólo Dios es inmutable; sólo Él posee toda la verdad. *¿Acepto que la falta de poder fue mi dilema? ¿He encontrado un poder con el que puedo vivir, un poder más grande que yo?*

Oración

Ruego que el Programa sea para mí, un bosquejo para mi cambio. Estos días de transición de la adicción activa a la sobriedad, de la impotencia a la fortaleza a través de Dios, pueden ser tan escabrosos, como los cambios suelen serlo. Que mi inquietud se calme por la naturaleza inmutable de Dios, en quien deposito mi confianza. Sólo Él es entero, perfecto y predecible.

Hoy recordaré

Puedo contar con mi Poder Superior.

Meditación del día

Yo vine al Programa y comencé a creer. El Programa me ha permitido aprender que en lo profundo de cada hombre, mujer y niño está la idea fundamental de un Dios. Puede estar encubierto por la ostentación, la calamidad, el culto a otras cosas, pero de una forma u otra está allí. Porque la fe en un Poder mayor que nosotros y las demostraciones milagrosas de este Poder en las vidas humanas son hechos tan antiguos como los seres humanos. *¿Comparto mis dones?*

Oración

Ruego que pueda continuar buscando y encontrando la piedad que está en mí y en otras personas, no importa lo mucho que trate de disimularla. Que conozca que la conciencia en un Poder Superior ha estado presente en el ser humano desde que se le dio el poder de razonar por primera vez, no importa qué nombre le puso o cómo trató de lograrlo. Que mi propia fe en un Poder Superior se refuerce por la experiencia de la humanidad y por las obras de los milagros benevolentes de Dios en mi vida.

Hoy recordaré

Dios está en todos nosotros.

Meditación del día

Si tratamos de entender en lugar de ser entendidos, podemos asegurar más rápidamente al recién llegado al Programa que no tenemos el deseo de convencerlo ni de que hay sólo una forma de adquirir la fe. Todos nosotros, sin importar la raza, credo, color o grupo étnico somos hijos de un Creador viviente con el que podemos formar una relación basada en principios simples y entendibles, con la condición de que estemos dispuestos y seamos sinceros al intentarlo. *¿Conozco la diferencia entre la simpatía y la empatía? ¿Puedo ponerme en el lugar de los recién llegados al Programa?*

Oración

Trato de amar a toda la humanidad como hijos de un Dios viviente. Que respete las formas diferentes de encontrarlo y rendirle culto. Que nunca sea tan inflexible como para no tener en cuenta el camino a Dios que sigue otra persona, o tan insensible como para usar la confraternidad del grupo para predicar y exaltar mis creencias religiosas como si fueran la única manera. Yo sólo puedo saber lo que funciona para mí.

Hoy recordaré

Todos somos hijos de Dios.

Meditación del día

Muchas personas adictas se confunden con el espantoso convencimiento de que si se acercan al Programa, tanto sea asistiendo a las reuniones o hablando en privado con uno de los miembros, se les presionará para conformar a alguna forma particular de fe o religión. No comprenden que la fe nunca es un imperativo para ser parte del Programa; que liberarse de la adicción es posible con un mínimo fácilmente aceptable de fe y que nuestra idea de un Poder Superior y de Dios, como lo concebimos, brinda a todos una opción casi ilimitada de creencia espiritual y acción. *¿Estoy recibiendo fortaleza al compartir con los recién llegados?*

Oración

Que nunca asuste a los recién llegados o ahuyente a los que están considerando venir al Programa imponiendo en ellos mis ideas particulares y personales sobre un Poder Superior. Que cada uno de nosotros descubra su propia identidad espiritual. Que todos puedan encontrar en su interior un nexo con un Ser universal o Espíritu cuyo poder es mayor que los suyos individualmente. Que pueda crecer todos los días en tolerancia y en espiritualidad.

Hoy recordaré

Comunicar en lugar de predicar.

Meditación del día

Todos los hombres y mujeres que se unieron al Programa y piensan permanecer en él han iniciado, sin darse cuenta, el Tercer Paso. ¿No es cierto que en todo lo relacionado con sus adicciones, cada uno de ellos ha decidido entregar su vida al cuidado, protección y guía del Programa? De esa forma se ha logrado ya la voluntad de desechar nuestra propia voluntad y nuestras ideas sobre la adicción a favor de las que el Programa nos sugiere. Si esto no es entregar nuestra voluntad y nuestra vida a la "Providencia" recién encontrada, ¿entonces qué lo es? *¿He tenido un despertar espiritual como resultado de los Pasos?*

Oración

Ruego que pueda tener una vida centrada en Dios. Le agradezco a Él frecuentemente por el despertar espiritual que sentí desde que le entregué mi vida. Que las palabras "despertar espiritual" sean una pista para los demás de que existe un manantial de poder espiritual dentro de cada persona. Sólo necesitamos descubrirlo.

Hoy recordaré

Trataré de estar centrado en Dios.

Meditación del día

Es muy raro que los alcohólicos activos entiendan lo irracionales que son, o que viendo su conducta irracional, puedan enfrentar su problema. Una de las razones es que son instigados por un mundo que no comprende todavía la diferencia entre beber sanamente y el alcoholismo. El diccionario define la palabra cordura como "el que piensa y obra con reflexión y acertadamente". De todas formas, ningún alcohólico, analizando su conducta destructiva, puede decir con firmeza que piensa y obra en forma reflexiva y acertada. *¿He comenzado a creer, como sugiere el Segundo Paso, que un Poder Superior a mí mismo, puede devolverme la cordura?*

Oración

Que vea que mi propia conducta como alcohólico activo, como drogadicto o de comer compulsivamente, podría describirse como "demente". Para las personas adictas aún, admitir una conducta "demente" es casi imposible. Ruego que pueda continuar aborreciendo la locura e insensatez de mis tiempos de drogadicto. Que otros como yo reconozcan sus problemas de adicción, encuentren ayuda en el tratamiento y en el Programa, y crean que un Poder Superior puede devolverles la cordura.

Hoy recordaré

Él renovó mi alma.

Meditación del día

Escuché una vez decir que "la mente mata la realidad". Reflexionando en la locura de esos tiempos pasados de adicto activo, entiendo muy bien el significado de dicha frase. Para mí, uno de los beneficios colaterales importantes del Programa es tener una conciencia mayor del mundo a mi alrededor, para ver y disfrutar la realidad. Esto en sí ayuda a disminuir las desdichas de camino. *¿Estoy adquiriendo el sentido de la realidad, que es absolutamente esencial para la serenidad?*

Oración

Que pueda ser reavivado por un sentido profundo de la realidad, entusiasmado por la primera vez, desde la niebla de mis peores momentos, por las maravillas y oportunidades en mi mundo. Emerger del ofuscamiento mental de la adicción, de decir "no me importa", para ver que los objetos y los rostros están en foco nuevamente, con los colores más brillantes. Que pueda deleitarme en esta luminosidad que acabo de encontrar.

Hoy recordaré

Enfocarme en mis realidades.

Meditación del día

El Programa me enseña a permanecer en guardia contra la impaciencia, los episodios de auto-compasión, y los resentimientos por las palabras y actos de los demás. Sin embargo nunca debo olvidarme de lo que era anteriormente, ni debo permitirme hacer giras atormentadoras al pasado, solamente por una morbosidad autocomplaciente. Ahora que estoy atento a las señales de peligro, sé que estoy mejorando día a día. *Si aparece una crisis, o me confunde un problema, ¿dejo que la luz de la Oración de la Serenidad la ilumine?*

Oración

Ruego tener perspectiva cuando pase revista al pasado. Que refrene mi impulso de eclipsar y tratar de ser más que los miembros de mi grupo, entre-teniéndolos con los horrores de mi adicción. Que ya no tenga que usar el pasado para documentar mi autocompasión o sumergirme en la culpa. Que las memorias de esos días más miserables me sirvan de centinelas, protegiéndome contra las situaciones arriesgadas o formas malsanas de pensar.

Hoy recordaré

No puedo cambiar el pasado.

Meditación del día

Nosotros que estamos en el Programa conocemos muy bien la futilidad de tratar de vencer nuestras adicciones sólo por la fuerza de la voluntad. Al mismo tiempo, sabemos que se necesita buena voluntad para aceptar los Doce Pasos del Programa como una forma de vida que nos devuelva a la cordura. No importa la severidad de nuestras adicciones, descubrimos, con alivio, que tenemos opciones todavía. Por ejemplo, podemos admitir que somos impotentes frente a la drogodependencia; una dependencia que necesita un Poder Superior, aún cuando sea la simple dependencia en nuestro grupo en el Programa. *¿He escogido una vida de honestidad y humildad, de servicio abnegado a mis compañeros y a Dios como yo lo concibo?*

Oración

Dios concédeme la sabiduría de saber la diferencia entre la "fuerza de voluntad" (que me ha fallado anteriormente) y la "buena voluntad" para buscar ayuda para mi dependencia a través de Él y de otras personas que también están recuperándose. Que sepa que yo y mis compañeros en aflicción, tenemos opciones a nuestra disposición en los abismos más abrumadores de la adicción. Que pueda escoger el estilo de vida que Dios desea para mí.

Hoy recordaré

El secreto de la recuperación reside en la buena voluntad más que en la fuerza de voluntad.

Meditación del día

A medida que continuamos escogiendo estas opciones vitales y así acercándonos a estas altas aspiraciones, retorna nuestra cordura y se desvanece la compulsión de nuestras antiguas adicciones. Aprendemos, según las palabras de Plutarco, que "Una vida agradable y feliz no viene de las cosas externas. El hombre extrae de sí mismo, como de un manantial, el placer y la alegría". *¿Estoy aprendiendo a "viajar en primera clase" en mi interior?*

Oración

La gracia de Dios me ha demostrado cómo ser feliz nuevamente. Que la sabiduría de Dios me enseñe que la fuente de esa felicidad está dentro de mí, en mis nuevos valores, mi nuevo sentido de mi mérito, mi comunicación nueva y abierta con mi Poder Superior.

Hoy recordaré

La felicidad viene de adentro.

Meditación del día

"Si una persona continúa viendo sólo gigantes", escribió Anais Nin, "significa que todavía está mirando el mundo a través dc los ojos de un niño". Durante este período de 24 horas no dejaré que me molesten pensamientos de gigantes ni monstruos, de cosas del pasado. No me preocuparé por el futuro hasta que se convierta en mi presente. Cuanto mejor use el presente, más probable será que el futuro sea muy brillante. *¿He tendido hoy mi mano para ayudar a otra persona?*

Oración

Dios, te ruego que me ayudes a crecer. Que ya no vea monstruos ni gigantes en las paredes, esas proyecciones infantiles de la imaginación. Que entierre mis diablillos y comprenda que esos monstruos míticos son distorsiones de mis temores presentes. Que desaparezcan junto con mi timidez, bajo la luz de mi nueva serenidad.

Hoy recordaré

Abandonar mis temores infantiles.

Meditación del día

¿Puedo agradecer sinceramente por el día de hoy? En ese caso, estoy abriendo las puertas a más cosas buenas y abundantes. ¿Qué pasa si no puedo estar agradecido por los "temporales" que han azotado mi vida, por los llamados malos tiempos? ¿Entonces qué hago? Puedo empezar agradeciendo por todo el brillo solar que recuerdo y por cada bendición que recibí. Quizás entonces podré examinar los periodos tormentosos de mi vida pasada con una nueva perspectiva, viéndolos como necesarios; quizás entonces, las bendiciones ocultas que he pasado por alto, me llamarán la atención. *¿Agradezco por todo en la vida —los rayos solares y la lluvia?*

Oración

Que pueda agradecer todo lo bueno y lo malo que me ha pasado. Lo malo ayuda a definir lo bueno. El dolor intensifica la alegría. La humildad trae la espiritualidad. La enfermedad convierte a la salud en un paraíso. La soledad crea amor humano y divino que es el don más importante de todos. Agradezco a Dios por los contrastes que me han permitido conocerlo mejor a Él.

Hoy recordaré

Estoy agradecido por todo en mi vida.

Meditación del día

Cada reunión del Programa, me abre más los ojos. Los problemas de otras personas hacen pequeños a los míos, pero aún así los enfrentan con valor y confianza. Otras están atrapados en situaciones tan malas como las mías, pero soportan sus problemas con más entereza. Al asistir a las reuniones yo encuentro muchas razones para estar agradecido. Mi carga de pesares ha empezado a ser más liviana. *¿Espero soluciones fáciles a mis problemas? ¿O pido sólo ser guiado hacia el mejor camino?*

Oración

Te ruego que el Programa se haga mi estilo de vida. Sus metas son mis metas. Sus miembros son mis verdaderos amigos. Que pueda comunicar a los demás las destrezas que aprendí aquí para superar los problemas. Que mi cambio y la transformación resultante en mi vida inspire a las personas, así como otras personas me inspiraron a mí.

Hoy recordaré

Ser agradecido.

Meditación del día

No importa lo que parezca ser nuestra necesidad o problema, siempre podemos encontrar algo en que regocijarnos y para agradecer. No es Dios a quien debemos agradecer, somos nosotros que debemos ser agradecidos. El agradecimiento abre nuevas puertas a lo bueno en nuestra vida. El agradecimiento crea un nuevo corazón y un nuevo espíritu en nosotros. *¿Me mantengo consciente de las muchas bendiciones que vienen a mí cada día y me acuerdo de agradecerlas?*

Oración

Que Dios me llene de un espíritu de agradecimiento. Cuando expreso mi agradecimiento, aunque sea torpemente, a Dios o a otro ser humano, no sólo estoy siendo amable con Él o con otra persona por ayudarme, también me estoy dando la mejor de todas las recompensas: un corazón agradecido. Que no me olvide del verbo transitivo "agradecer," dirigido a una persona, o el intransitivo "dar gracias," qué llena mi gran necesidad.

Hoy recordaré

Agradecer y dar gracias.

Meditación del día

Aprendemos en el Programa que no hay satisfacción ni alegría más profunda o mayor que hacer muy bien el Paso Doce. Observar los ojos maravillados de hombres y mujeres al salir de la oscuridad a la luz, viendo sus propias vidas llenándose rápidamente de nuevos propósitos y significado, y especialmente, observar su despertar en la presencia del amor de Dios en sus vidas; esas cosas son el meollo de lo que recibimos al difundir el mensaje del Programa. *¿Estoy aprendiendo, a través de las experiencias del Paso Doce, que la gratitud debe avanzar, en lugar de retroceder?*

Oración

Que mi trabajo con el Paso Doce sean tan sincero, convincente y constructivo como lo ha sido para mí el trabajo de los demás con el Paso Doce. Que comprenda que la fuerza y eficacia del Programa para todos nosotros, viene de compartir con los demás. Cuando guío a alguien a la sobriedad, mi propia sobriedad es destacada y reforzada. Pido a Dios con humildad, consejo en cada uno de los Doce Pasos.

Hoy recordaré

Difundir el mensaje.

Meditación del día

Yo tengo mucho más que agradecer de lo que me doy cuenta. Muy a menudo, me olvido de pensar en todas las cosas en mi vida que podría disfrutar y apreciar. Quizás no me tome el tiempo para hacer esta reflexión importante porque estoy demasiado preocupado con mis propias penas. Yo le permito a mi mente que se desborde con agravios; cuanto más pienso en ellos, más monumentales parecen. En lugar de rendirme a Dios y a su bondad, me dejo controlar por las formas negativas de pensar, en las que mis pensamientos son aptos de extraviarse a menos que los guíe firmemente a caminos más iluminados. *¿Trato de cultivar una "actitud de agradecimiento"?*

Oración

Dios, te ruego que me alejes de mis pensamientos negativos acumulados, que me desvían del sendero de mi crecimiento personal. Que pueda romper el hábito de decir "pobre de mí", de recordar lo peor y esperar lo más aterrador. Que dirija mis pensamientos hacia adelante, hacia un nuevo mundo. Que pueda pensar en la gloria de Dios.

Hoy recordaré

Tener una actitud de agradecimiento.

Meditación del día

Cuando vine por primera vez al Programa, me sorprendió el sonido constante de risas. Hoy comprendo que el júbilo y el alborozo son útiles. A veces las personas fuera del Programa se escandalizan cuando nos reímos de una situación aparentemente trágica del pasado. ¿Pero, por qué no reír? Nos hemos recuperado y hemos ayudado a otros a recuperarse. No hay una causa mayor para regocijarse que esta. *¿He empezado a recobrar mi sentido del humor?*

Oración

Que Dios devuelva mi sentido del humor. Que aprecie la risa sincera que es como la música de fondo del regocijo mutuo en nuestra sobriedad. Que me pueda reír mucho, no la risa defensiva del ego que se burla de la debilidad de otras personas, ni la risa ácida de un desprecio, sino la risa sana que mantiene en perspectiva a las cosas. Que nunca más considere este tipo de risa como irrespetuoso. Por el contrario, aprendí que es irreverente tomarme muy en serio.

Hoy recordaré

El sentido del humor es una señal de salud.

Meditación del día

¿Estoy tan seguro de que estoy haciendo todo lo posible para que mi nueva vida sea un éxito? ¿Estoy usando bien todas mis capacidades? ¿Reconozco y valoro todo lo que tenga que agradecer? El Programa y sus Doce Pasos me enseñan que poseo recursos ilimitados. Cuanto mejor uso haga de ellos, más crecerán para eclipsar y cancelar los sentimientos difíciles y dolorosos que ahora ocupan tanto mi atención. *¿Soy menos sensible ahora que cuando vine por primera vez al Programa?*

Oración

Que pueda hacer lo mejor de mí mismo en todos los aspectos de mi vida. Que pueda empezar a ver a las personas, las oportunidades y los recursos magníficos que están a mi alcance. A medida que soy menos introvertido y me entiendo mejor a mí mismo en relación a los demás, que sea menos susceptible y menos sensible a las críticas. Que pueda sacudir mi antiguo sentimiento de que "el mundo está en mi contra" y ver a ese mismo mundo como mi tesoro, otorgado por Dios e ilimitado.

Hoy recordaré

Mis recursos son ilimitados.

Meditación del día

Yo tendré la determinación de observar con nuevo interés las cosas comunes que ocurren hoy. Si aprendo a ver todo con nuevos ojos, quizás me dé cuenta de que tengo varias razones para estar contento y agradecido. Cuando me encuentre atrapado en la arena movediza de mis pensamientos negativos, me alejaré de ellos y tendré la fortaleza salvadora de compartir el Programa con los demás. *¿Asumo mi responsabilidad de ser un eslabón importante en la cadena mundial del Programa?*

Oración

Ruego que Dios abra mis ojos a las maravillas cotidianas más pequeñas, que pueda notar bendiciones tan simples como sentirse bien y pensar claramente. Incluso cuando escoja una opción simple y sin importancia, como pedir café, té o un refresco, que recuerde que el poder de escoger es un don de Dios.

Hoy recordaré

Soy afortunado por tener la libertad de escoger.

Meditación del día

A medida que crezco en el Programa y lo comparto, cuido de los demás y soy más activo, me doy cuenta de que se hace más fácil vivir en el presente. Incluso mi vocabulario está cambiando. Ya no es una que otra frase salpicada con expresiones como *"podría tener"*, *"debería tener"*, *"tendría"*, *"hubiera tenido"*. Lo hecho hecho está y lo que será será. El único momento que realmente importa es ahora. *¿Estoy obteniendo placer y serenidad real y paz en el Programa?*

Oración

Que recoja todos mis recuerdos esparcidos del pasado y los planes grandiosos y temores exagerados para el futuro, y los contenga en los límites organizados del día de hoy. Sólo viviendo en el presente puedo mantener mi equilibrio, sin volver al pasado ni inclinándome hacia el futuro. Que deje de tratar de abarcar todo el tiempo de mi vida, tan difícil de manejar, y de llevarlo en una bolsa conmigo dondequiera que vaya

Hoy recordaré

Hacer lugar para hoy.

Meditación del día

El Programa nos enseña que "la fe sin esfuerzo es inútil". Esto es muy cierto para la persona adicta, dado que si no es capaz de perfeccionar o expandir su vida espiritual a través del trabajo o del autosacrificio para los demás, no podrá sobrevivir las tribulaciones y los contratiempos en su camino. Si la persona no hace un esfuerzo, con seguridad volverá a su adicción y es posible que se muera. *¿Creo que por medio de mi fe, puedo ser realmente útil a las personas que sufren todavía?*

Oración

Que la fe en mi Poder Superior y en la influencia del Programa se multiplique en mí a medida que lo comparto con las personas que están tratando de conquistar adicciones similares. Que pueda tener la certeza de que ayudar a los demás no es simplemente pagar favores, sino la única forma de continuar mi crecimiento espiritual y mantener mi propia sobriedad.

Hoy recordaré

Cuanto más fe doy, más fe tendré.

Meditación del día

Para aquéllos de nosotros que perdimos la fe, o que siempre tuvimos que batallar sin ella, con frecuencia nos es muy útil y simple *aceptarla* ciegamente y sin reservas. Al principio no es necesario creer; no es necesario que nos convenza. Si logramos *aceptar,* estaremos gradualmente conscientes de una fuerza benefactora que siempre está allí para ayudarnos. *¿He tomado el camino de la fe?*

Oración

Que abandone mi necesidad de saber el por qué y el motivo de mi confianza en un Poder Superior. Que no analice la fe, dado que por su misma esencia no se puede analizar. Que sepa que satisfacer los deseos era un síntoma de mi enfermedad, a medida que astutamente vinculé las excusas con la razón. Que aprenda a aceptar que la fe vendrá por añadidura.

Hoy recordaré

La fe sigue a la aceptación.

Meditación del día

Cuando bebía, confiaba en que mi inteligencia, apoyada por la fuerza de la voluntad, podría controlar debidamente mi vida interna y garantizarme éxito en el mundo a mi alrededor. Esta filosofía osada y grandiosa, como jugando a ser Dios, parecía buena en teoría, pero todavía tenía que pasar el examen crucial. ¿Funcionó bien? Una buena mirada al espejo me dio la respuesta. *¿He empezado a pedirle a Dios la fuerza para sobrellevar cada día?*

Oración

Que deje de contar con mis antiguos apoyos: mi "inteligencia superior" y mi "fuerza de voluntad", para controlar mi vida. Yo pensaba que con esas dos cualidades fabulosas sería todopoderoso. Que no olvide que a medida que retorna la idea que tenía de mí mismo, sólo a través de rendirme a un Poder Superior se me otorgará el poder de hacerme entero.

Hoy recordaré

Revisar que no esté solamente satisfaciendo mis deseos.

Meditación del día

Soren Kierkegaard escribió: "Pararse en un pie y demostrar la existencia de Dios es algo muy diferente a arrodillarse y agradecer a Dios". Es mi confianza en un Poder Superior, obrando en mí, que libera y activa hoy mi habilidad de hacer que mi vida sea una experiencia más dichosa y satisfactoria. Yo no puedo lograr esto confiando sólo en mí mismo y en mis ideas limitadas. *¿He empezado a dar gracias a Dios todas las noches?*

Oración

Que recuerde constantemente que creer en mi Poder Superior es lo que activa el poder en mí. Siempre que vacilo en mi fe, se interrumpe el poder. Ruego tener una fe ilimitada, de forma que su poder, otorgado por Dios y regenerado en mi propia creencia en ella, esté siempre a mi disposición como fuente de mi fortaleza.

Hoy recordaré

La fe regenera el poder que Dios me ha dado.

Meditación del día

Muchas personas oran como si trataran de vencer la voluntad de un Dios reacio, en lugar de aferrarse a la buena voluntad de un Dios amoroso. En las fases avanzadas de nuestra adicción, los deseos de resistir desaparecen. Aun así, cuando admitimos la derrota total y estamos completamente listos para practicar los principios del Programa, nuestra obsesión nos abandona y entramos en una nueva dimensión de libertad de actuar bajo la protección de Dios, como lo concebimos. *¿Me está convenciendo mi crecimiento en el Programa de que sólo Dios puede quitar las obsesiones?*

Oración

Que no ore como un niño quejándose de un padre severo, como si "orar" significara siempre "suplicar" como solemos hacerlo en momentos de desesperación. Que ruegue, en cambio, por llegar a Él por mi propia voluntad, dado que Él está siempre listo para tenderme la mano. Que considere a mi Poder Superior como un Dios deseoso de ayudarme.

Hoy recordaré

Dios está dispuesto a ayudarnos.

Meditación del día

Yo sabía que debía tener un nuevo comienzo y que debía estar aquí. No hubiera podido empezar en ninguna otra parte. Tenía que desprenderme del pasado y olvidarme del futuro. Mientras me aferraba al pasado con una mano y al futuro con la otra, no tenía nada para asir el presente. De manera que debía empezar aquí, ahora. *¿Practico el Paso Once, orando por el conocimiento de la voluntad de Dios para mí, y el poder de llevarlo a cabo?*

Oración

Que no me preocupe de verbalizar mis carencias y necesidades en mis plegarias a un Poder Superior. Que no me preocupe de las palabras que use en mis plegarias, dado que Dios no necesita lenguaje, la comunicación con Él va más allá de la palabra. Que el Paso Once me guíe en todo momento durante mis oraciones.

Hoy recordaré

Que se haga la voluntad de Dios.

Meditación del día

Muchos de nosotros padecemos de la desesperación. Aún así no comprendemos que la desesperación es básicamente la falta de fe. Mientras estemos dispuestos a pedir ayuda a Dios en nuestras dificultades, no desesperaremos. Cuando estamos preocupados y no vemos salida, es porque nos imaginamos que todas las soluciones dependen de *nosotros*. El Programa nos enseña a desprendernos de nuestros problemas agobiantes y dejar que Dios se encargue de ellos. *¿Cuándo entrego concientemente mi voluntad a Dios, veo la fe obrando en mi vida?*

Oración

Que me libre de la desesperación y de la depresión, esas dos "D" desalentadoras que son el resultado de sentimientos de impotencia. Que sepa que nunca estoy sin la ayuda de Dios ni nunca estoy desamparado cuando Él está conmigo. Si tengo fe, nunca más estaré "desamparado y desesperado".

Hoy recordaré

La desesperación es la falta de fe.

Meditación del día

Si creo que es imposible esperar una mejora en mi vida, estoy dudando del poder de Dios. Si creo que tengo razón para estar desesperado, estoy confesando el fracaso personal, porque tengo el poder para cambiarme a mí mismo; nada puede prevenirlo excepto mi propia resistencia. Puedo aprender en el Programa a aprovechar el poder inmenso e inagotable de Dios –si estoy dispuesto a estar consciente continuamente de la proximidad de Dios. *¿Imagino todavía que mi satisfacción con la vida depende de lo que otra persona haga?*

Oración

Que entregue mi vida a la voluntad de Dios, no a los caprichos e insensibilidad de los demás. Cuando confiaba mi felicidad solamente en lo que otras personas hacían, pensaban y sentían, me convertí en básicamente en un espejo barato que reflejaba las vidas de otras personas. Que permanezca cerca de Dios en todos los aspectos de la vida. Me valoro a mí mismo porque Dios me valora. Que mi ser esté en su ser y que dependa sólo de Él.

Hoy recordaré

Permanecer cerca de Dios.

Meditación del día

He aprendido en el Programa que no necesito pedir disculpas a nadie por depender de Dios, como yo lo concibo. De hecho, ahora tengo buenas razones para no creer a quienes piensan que la espiritualidad es el camino de la debilidad. Para mí, es el camino de la fuerza. Desde hace muchos siglos el veredicto de los siglos ha sido que a los hombres y mujeres de fe rara vez les falta valentía. Ellos confían en Dios. Por lo tanto, yo nunca pido disculpas por creer en Él, por el contrario, trato de que Él demuestre, a través mío y de las personas cercanas a mí, lo que puede hacer. *¿Practico lo que predico?*

Oración

Que mi fe se confirme al ver cómo Dios ha obrado a través de los demás desde tiempo inmemorial. Que vea que las personas valerosas, las que hacen milagros y las personas felices son las que han declarado su espiritualidad. Que vea, incluso ahora cuando miro a mi alrededor, como Dios obra a través de los que creen en Él.

Hoy recordaré

Observar a Dios en acción.

Meditación del día

"El valor perfecto," escribió La Rochefoucauld, "es hacer sin testigos lo que seríamos capaces de hacer con el mundo observando". A medida que crecemos en el Programa, reconocemos al miedo persistente por lo que es, y somos capaces de manejarlo. Comenzamos a considerar cada adversidad como una oportunidad que brinda Dios, para desarrollar el tipo de valentía que nace de la humildad, en lugar de la jactancia. *¿Comprendo que silbar para mantener mi valor en alto es sólo una buena práctica de silbar?*

Oración

Que encuentre valentía en mi Poder Superior. Dado que todas las cosas son posibles a través de Él; debo superar los temores insidiosos que me persiguen —a menudo, el temor de perder a alguien o alguna cosa importante en mi vida. Ruego tener la buena voluntad para desechar esos temores.

Hoy recordaré

Orar es mucho más que silbar en la oscuridad.

Meditación del día

Cuando el incrédulo prueba el proceso de la oración, haría bien de sumar correctamente los resultados. Si persiste, casi con seguridad encontrará más serenidad, más tolerancia, menos temor y menos enojo. Él adquirirá un valor sereno y no plagado de tensiones. Podrá mirar el "fracaso" y el "éxito" por lo que son realmente. Los problemas y las desgracias empezarán a significar su instrucción, en lugar de su destrucción. Él se sentirá más libre y más sensato. *¿Han empezado a ocurrirme cosas maravillosas e inexplicables en mi nueva vida?*

Oración

Que a través de la oración y la comunión con un Poder Superior, pueda empezar a ver cómo se organiza mi vida. Que me vuelva menos tenso, más sensato, más abierto, más valiente, más afectuoso, menos envuelto en problemas, menos temeroso de perder y menos temeroso de vivir. Que sepa también que Dios, quiere estas cosas para mí. Que se haga su voluntad.

Hoy recordaré

Permanecer tranquilo y saber que Él es Dios.

Meditación del día

Ahora que aprendí que no puedo usar el valor reprimido, busco y ruego tener valor las 24 horas para cambiar las cosas que pueda cambiar. Obviamente, éste no es el tipo de valor que me hará una persona fuerte y valiente para enfrentar la vida, capaz de lidiar con todas las situaciones con valentía. Lo que necesito es un valor persistente e inteligente, que continúe de un día al otro, pero haciendo hoy lo que pueda hacerse hoy, y evitar el temor y la inquietud sobre el resultado final. *¿Qué significa para mí hoy el valor?*

Oración

Que me ocupe sólo de las cosas que tengo la posibilidad de cambiar. Y el cambio debe empezar conmigo, un día a la vez. Que sepa que la aceptación es a menudo una forma de valentía. No rezo para tener una supervalentía, sino simplemente la perseverancia para enfrentar lo que la vida me trae sin abrumarme.

Hoy recordaré

Valentía es vivir un día a la vez.

Meditación del día

Mi valor debe llegar a mí todos los días, así como mi deseo de evitar un solo trago, un tranquilizante, un sólo acto adictivo. Debe ser un valor continuo, sin desviaciones ni dilación, sin imprudencia ni miedo a los obstáculos. Esto podría parecer pedir demasiado, sino fuera por que está limitado a este día de hoy, y dentro de ese día se me da mucho poder. *¿Incluyo a toda mi vida en la Oración de la Serenidad?*

Oración

Que cada nueva mañana me ofrezca una reserva de valor que me dure todo el día. Si en cada día se renueva mi valor y sé que sólo lo necesito por un día, siempre estará fresco y no se agotará. Que comprenda que a medida que pasan los días, ya no temeré las cosas que temía en los tiempos de mi recuperación, que mi valor diario está ahora ayudándome a lidiar con problemas mayores.

Hoy recordaré

Dios otórgame valor —sólo para hoy.

Meditación del día

Cuando por la mañana una persona abre sus ojos y se levanta con una náusea sudorosa para enfrentar la realidad aterradora, con sus huesos temblando y los nervios de punta; cuando una persona deambula durante el día en la desesperación, deseando morirse, pero negándose a morir; cuando una persona se levanta el día siguiente y lo hace todo nuevamente —bueno, eso significa tener valentía. Se necesita un valor real y básico de supervivencia, bien usado, si la persona ha de encontrar su camino al Programa. Esa persona aprendió a tener valor a fuerza de golpes, y cuando viene al Programa encontrará formas nuevas y hermosas de usarlo. *¿Tengo el valor de seguir esforzándome, un día a la vez?*

Oración

Que pueda darle buen uso al valor necesario para sobrevivir que me quedó de mi época de bebedor. Si fui capaz de aguantar tanto para sobrellevar la desdicha de mi adicción, que pueda transferir esa voluntad de supervivencia a mi programa de recuperación. Que pueda usar mi coraje en formas nuevas y constructivas.

Hoy recordaré

Dios me resguardó para cumplir con su propósito.

Meditación del día

"Un error muy popular —tener el valor de nuestras convicciones; cuando en realidad es tener la valentía para un ataque a nuestras propias convicciones", escribió Nietzsche. El Programa me está ayudando a librarme de mis antiguas ideas, a compartir con otras personas y a practicar los Doce Pasos. Después de haber hecho una búsqueda y un inventario moral estricto de mí mismo, admitiendo a Dios, a mí mismo y a otro ser humano la causa exacta de mis errores, y de estar listo para que Dios corrija todos mis defectos de carácter, le pido humildemente que corrija mis imperfecciones. *¿Estoy tratando de seguir el Programa tal como es?*

Oración

Ruego que pueda seguir practicando los Doce Pasos, una y otra vez si fuera menester. El Programa ha tenido resultados para miles y miles de personas drogodependientes en todo el mundo. También puede tener éxito conmigo. Que pueda hacer una pausa regularmente y verificar si estoy realmente practicando el Programa como está presentado.

Hoy recordaré

Paso a paso. Día a día.

Meditación del día

Reflexionando sobre mis días de desesperación antes de venir al Programa, lo que más recuerdo son los sentimientos de soledad y aislamiento. Incluso cuando estaba rodeado de personas, mi propia familia, la sensación de "soledad" era agobiante. Cuando traté de ser sociable y usé la máscara de la alegría, generalmente sentí un enojo terrible de no pertenecer. *¿Olvidaré alguna vez el dolor de "estar solo en una muchedumbre"?*

Oración

Agradezco a Dios por la mayor felicidad que me ha llegado, además de mi sobriedad —el sentimiento de que ya no estoy solo. Que no crea que la soledad desaparecerá de la noche a la mañana. Que sepa que habrá momentos de soledad durante la recuperación, especialmente porque debo alejarme de mis amigos drogadictos o bebedores del pasado. Ruego que pueda encontrar nuevos amigos que están recuperándose. Doy gracias a Dios por el compañerismo del Programa.

Hoy recordaré

No estoy solo.

Meditación del día

Muchos de nosotros en el Programa compartimos la memoria de que bebíamos o nos drogábamos para "pertenecer" o para "ser parte del grupo". Otros alimentamos nuestras adicciones para "entrar", para sentir aunque fuese por poco tiempo, que formábamos parte del resto de la raza humana. A veces, las drogas surten el efecto deseado, aliviando temporalmente nuestros sentimientos de separación. Pero cuando los efectos de las drogas se desvanecen, nos sentimos más solos, más separados y más diferentes que nunca. *¿Siento a veces que "mi caso es diferente"?*

Oración

Dios, que pueda superar mi sentimiento de ser "diferente" o de cierta manera único, de no pertenecer. Fue este sentimiento que me llevó a drogarme. También me impidió ver la gravedad de mi adicción, dado que pensé: "Soy diferente. Puedo lidiar con la situación". Que ahora tenga el convencimiento que pertenezco a una gran confraternidad de personas como yo. Con cada experiencia compartida, mi "singularidad" está desapareciendo.

Hoy recordaré

No soy único.

Meditación del día

Si nos sentimos culpables, degradados o avergonzados por nuestra adicción o de las cosas que hicimos mientras estábamos bajo los efectos de las drogas, eso sirvió para aumentar nuestro sentimiento de ser parias. A veces, temíamos en secreto o creíamos que *merecíamos* todos los sentimientos dolorosos, a veces pensábamos que verdaderamente *éramos* extraños. El túnel oscuro de nuestras vidas parecía tenebroso y sin final. No podíamos ni siquiera expresar nuestros sentimientos, casi no soportábamos pensar en ellos. Muy pronto bebimos o nos drogamos nuevamente. *¿Recuerdo bien cómo era antes?*

Oración

Que recuerde que, a menudo, en mis días de consumir drogas, me sentía solo con mi vergüenza y mi culpa. La alegría falsa de una fiesta de bebedores, o las relaciones superficiales iniciadas en un bar, no me impedían sentirme como un extraño. Que valore la oportunidad de hacer nuevas amistades por medio del compañerismo del grupo. Que sepa que mis relaciones serán ahora más sensatas, menos dependientes, más maduras.

Hoy recordaré

Agradecer a Dios por los nuevos amigos.

Meditación del día

Yo me consideraba un "solitario" en los días de abandono a las drogas. Aunque con frecuencia estaba con otras personas —las veía, las escuchaba, las tocaba— mis conversaciones más importantes eran con mi ser interno. Yo tenía la certeza de que nadie más podría entenderme. Teniendo en cuenta la antigua opinión de mí mismo, es probable que no quisiera que nadie me entendiese. Sonreía con los dientes apretados aún cuando estaba muriéndome por dentro. *¿Mi interior ha empezado a parecerse a mi exterior desde que estoy en el Programa?*

Oración

Que mi yo físico, emocional, intelectual, espiritual sea uno solo, para ser una persona entera nuevamente. Agradezco a mi Poder Superior por mostrarme cómo equiparar mi exterior a mi interior, para reír cuando desee reírme, llorar cuando estoy triste, reconocer mi propio enojo, miedo o culpa. Ruego alcanzar la integridad.

Hoy recordaré

Me estoy haciendo una persona íntegra.

Meditación del día

"Cuando el alcohol me doblegó completamente, se me preparó para pedir el don de la fe", escribió Bill W. el cofundador de AA. "Y todo cambió. Nunca más, a pesar de mis dolores y problemas, experimentaré mi antigua desolación. Yo vi como el universo se iluminó con el amor de Dios y que ya no estaba solo". *¿Estoy convencido de que mi nueva vida es real y que perdurará si continúo haciendo lo que sugiere el Programa y los Doce Pasos?*

Oración

Que Dios sea la parte "tercera" omnipresente en mis relaciones con los demás, tanto sean casuales o con un profundo compromiso emocional. Que tenga conciencia de que existe amistad o amor real entre los seres humanos. El espíritu de Dios está siempre presente. Que sienta su espíritu en todas mis relaciones humanas.

Hoy recordaré

Dios es el Divino "tercero".

Meditación del día

Al alcoholismo se le llama la "enfermedad solitaria".
Casi sin excepción, la soledad, literalmente, tortura a
los alcohólicos. Incluso antes de dejar de beber
—antes que las personas comenzaran a apartarse de
nosotros, se rehusaran a servirnos en los bares y
restaurantes o en las casas de amigos, prácticamente
todos nosotros ya sentíamos que no pertenecíamos.
O éramos tímidos no atreviéndonos a acercarnos a las
personas o éramos ruidosos ansiando la atención y la
aprobación, rara vez obteniéndola. Siempre había
una barrera misteriosa que no podíamos superar ni
entender. Finalmente, incluso Baco, el dios romano del
vino, nos traicionaba: nos derrumbábamos y quedá-
bamos en una soledad aterradora. *¿He empezado a
lograr una calma interna?*

Oración

Que conozca la ternura de una relación íntima con
Dios y la calma que siento cuando toco su espíritu.
Que transfiera esta ternura y calma a mis relaciones
con los demás. Que Dios me libre de los sentimientos
de soledad que he tenido desde hace mucho tiempo y
me muestre cómo ser un amigo.

Hoy recordaré

Dios puede enseñarme a ser amigo.

Meditación del día

"El lenguaje de la amistad no es palabras, sino significados", escribio Thoreau. La vida toma verdaderamente nuevos significados, así como también un nuevo significado en el Programa. Observar la recuperación de la gente, verla ayudando a los demás, observar el desvanecimiento de la soledad, ver el companerismo creciendo a nuestro alrededor, tener muchos amigos —es una experiencia infaltable en nuestras vidas. *¿Puedo recordar mis reacciones iniciales cuando vine al Programa? ¿Creo que finalmente llegué a mi "hogar"?*

Oración

Dado que el Programa me ha dado nuevos significados, que pase a los demás la misma oportunidad de revalorar nuestras vidas bajo la luz de la sobriedad, propósito común, amistades, y expansión espiritual. Alabado sea Dios por mi nueva visión de la vida humana. Alabado sea Él por restaurarme el valor y el propósito de vivir.

Hoy recordaré

Yo valoro a mi vida.

Meditación del día

Me sorprendió mucho escuchar, la primera vez, a las personas en el Programa hablando libre y sinceramente de ellas mismas. Los relatos de sus aventuras como adictos, de sus temores secretos, y de su angustiosa soledad fueron una experiencia reveladora. Yo descubrí que —y al principio no me atreví a creerlo— *no estaba solo*. No soy diferente de los demás y, de hecho, *somos muy semejantes*. Yo empecé a darme cuenta de que pertenezco a algo, y mi soledad empezó a dejarme. *¿Trato de dar a los demás lo que se me ha dado libremente?*

Oración

Que empiece a ver, a medida que escucho los relatos de las vidas de mis amigos en el Programa, que nuestras semejanzas son mucho más sorprendentes que nuestras diferencias. A medida que oiga los relatos de su adicción y de su recuperación, que pueda experimentar con frecuencia esa sensación especial de reconocimiento, el sentimiento de "¡ese soy yo!" que ahuyenta rápidamente a mi sentimiento de separación. Que pueda ser un miembro sincero del grupo, dando y recibiendo en la misma medida.

Hoy recordaré

Semejanzas, no diferencias.

Meditación del día

Cuando los recién llegados al Programa tienen los primeros sentimientos de sorpresa al sentirse entre *amigos,* también se preguntan —casi con terror— si el sentimiento es real. ¿Durará? Aquellos de nosotros que hemos estado en el Programa por varios años podemos asegurar a una persona recién llegada a nuestra reunión, que el sentimiento es verdadero y que *perdura.* No es otro comienzo falso, ni una explosión temporal de alegría, seguida inevitablemente de una desilusión devastadora. *¿Estoy convencido que puedo recuperarme genuina y perdurablemente de la soledad de mi adicción?*

Oración

Te ruego Dios, no permitas que el miedo a la soledad atrase mi recuperación. Que conozca que la franqueza reconfortante que siento en este grupo no se cerrará de repente y dejándome afuera. Que sea paciente con mi miedo hinchado de desilusiones y pérdidas pasadas. Que sepa que, con el tiempo, el compañerismo del grupo me convencerá de que la soledad tiene cura.

Hoy recordaré

La soledad es curable.

Meditación del día

Superar años de sospecha y otros mecanismos auto-protectores difícilmente es un proceso rápido. Estamos totalmente condicionados a sentir y actuar como seres malentendidos y no queridos, tanto lo seamos o no. Algunos necesitamos tiempo y práctica para salir de nuestra caparazón y de la comodidad aparente de nuestra soledad. Aunque empezamos a creer y a saber que ya no estamos solos, a veces, tenemos la tendencia de sentir y actuar como antes. *¿Estoy tomando las cosas con calma? ¿Estoy aprendiendo usar el Programa y la vida como si fuera ropa holgada y cómoda?*

Oración

Que no espere un cambio súbito y total de todas mis antiguas características. Mi sobriedad es sólo el principio. Que comprenda que los síntomas de mi enfermedad se desvanecerán gradualmente. Si de vez en cuando vuelvo a sentir compasión de mí mismo y pedantería, que no me desanime y que sea agradecido. Finalmente, puedo mirarme a mí mismo con sinceridad y no dejo que me abatan las desilusiones.

Hoy recordaré

Tomarlo con calma.

Meditación del día

Cuando somos nuevos en el Programa, somos novicios en buscar la amistad —o incluso en aceptarla cuando nos la ofrecen. A veces no estamos muy seguros de cómo hacerlo o, más aún, si funcionará realmente. Sin embargo, en forma gradual, nos restauramos; somos receptivos a aprender. Por ejemplo, aprendemos, lo que Moliere escribió, "Cuanto más amamos a nuestros amigos, menos los adulamos". *Sólo por hoy, ¿no mostraré a nadie que mis sentimientos están heridos?*

Oración

Que Dios me ayude a descubrir qué es la verdadera amistad. Ruego que en mi nuevas relaciones no esté tan deseoso de recibir tanta aprobación al punto de ser deshonesto, por medio de la adulación, medias verdades, falsa alegría y mentiras piadosas protectoras.

Hoy recordaré

Un amigo es sincero.

Meditación del día

Hoy sé que ya no tengo que avanzar solo. Yo aprendí que es más seguro, sensato y eficaz avanzar con amigos que van en la misma dirección que yo. Ninguno de nosotros debe sentir vergüenza de pedir ayuda, dado que todos nos ayudamos mutuamente. No es una señal de debilidad pedir ayuda para recuperarme de mi adicción, como no lo es tampoco usar muletas si me quiebro una pierna. Para todas las personas que las necesitan, y para otras que ven su utilidad, una muleta es algo hermoso. *¿Me niego a veces a aceptar ayuda que puedo obtener fácilmente?*

Oración

Dios, hazme ver que pedir ayuda no es una señal de debilidad, que el compañerismo del grupo es lo que surte efecto en cada uno de nosotros. Como una vacuna contra la difteria o la poliomielitis, el Programa y la fuerza del grupo han demostrado prevenir los tropezones y los retrocesos. Alabado sea Dios por las herramientas de la recuperación.

Hoy recordaré

La ayuda está muy cerca de mí.

Meditación del día

Cuando sólo me tengo a mí mismo para hablar, la conversación se convierte en un monólogo. Tratar de convencerme a mí mismo de no beber o no tragar una píldora, o de no hacer una "apuesta pequeña" o aún de no comer un chocolate con crema es como tratar de hacerme autohipnosis. Simplemente no funciona; la mayor parte del tiempo es tan eficaz como tratar de convencerme de no tener un ataque de diarrea. Cuando mi corazón está apesadumbrado y mi resistencia es baja, siempre puedo encontrar un poco de consuelo compartiendo con un amigo verdadero y comprensivo en el Programa. *¿Sé quienes son mis amigos?*

Oración

Que me convenza de que, como parte del plan maestro de Dios, nos pusieron aquí para ayudarnos mutuamente. Que sea tan abierto para pedir ayuda como para darla, no importa cuánto tiempo haya estado en el Programa. Que las experiencias de muchísimas personas sea suficiente prueba para mí de que "tratar de convencerme a mí mismo" rara vez funciona, y en cambio sí funciona la motivación mutua derivada de compartir con un amigo.

Hoy recordaré

Cuando pido ayuda, estoy ayudando.

Meditación del día

Todos nosotros hemos pasado momentos en que nos sentíamos aislados, cuando parecía que no teníamos dónde ir ni a quién recurrir. Cuando no sabemos en que dirección ir, cuando parece que nadie nos ayudará, ni siquiera entonces estamos solos o sin ayuda: la presencia de Dios está siempre con nosotros. Cuando necesitamos fuerza, valor o consuelo, Dios está allí para brindarnos la ayuda que necesitamos. Incluso antes de recurrir a Dios, su amor nos toca; su Espíritu amoroso escucha nuestro lamento y nos contesta. *¿Creo verdaderamente que ya no necesito estar solo?*

Oración

Que nunca esté solo, ni siquiera en un lugar solitario, si me tomo el tiempo para hablar con mi Poder Superior. Que Él sea mi compañero, mi alegría, mi ayuda, siempre presente cuanto tenga problemas. Que el conocimiento de su presencia constante me llene de calma, para no temer la soledad de mi propio cuarto o el aislamiento en una sala llena de gente.

Hoy recordaré

Escuchar la presencia de Dios.

Meditación del día

Cuando al principio venimos al Programa, nos encontramos por primera vez en la vida con personas que parecían entender; el sentido de pertenecer al grupo era estimulante. Sentíamos que se había resuelto el problema del aislamiento. Sin embargo descubrimos muy pronto que aunque ya no estábamos solos, sufríamos socialmente muchas de las antiguas punzadas de ansiedad de estar separados. Hasta poder hablar con franqueza de nuestros conflictos, y escuchar a otra persona haciendo lo mismo, sentimos que no pertenecíamos al grupo. El Quinto Paso fue la respuesta. *¿He encontrado a través del Quinto Paso el principio de una verdadera identificación con mis compañeros y con Dios?*

Oración

Que Dios me ayude a aprender a compartir lo que soy, mis cualidades y mis fracasos, no sólo al practicar el Quinto Paso sino en un proceso continuo de dar y recibir con mis amigos. Que cultive una actitud de franqueza y sinceridad con la gente, ahora que he empezado a ser sincero conmigo mismo. Que recuerde quién era antes —un niño en un juego de la escondida, que se escondió tan bien que nadie pudo encontrarlo; todos se cansaron y se fueron a sus casas.

Hoy recordaré

Estaré abierto a la amistad.

Meditación del día

Desde que he estado en el Programa, he aprendido a redefinir el amor. Yo comprendí, por ejemplo, que a veces es necesario poner amor delante de la "verdadera honestidad" sin discriminación. Nunca más, bajo la guisa de "honestidad perfecta", tengo que lastimar a la gente en forma cruel e innecesaria. Hoy debo siempre preguntarme: ¿Qué es lo mejor y más amoroso que puedo hacer? *¿He empezado a sembrar semillas de amor en mi vida diaria?*

Oración

Que Dios, en su amor, me muestre cómo ser afectuoso. Que me dé cuenta de los sentimientos de amor y afecto dentro de mí, cuidándolos para luego encontrar formas de demostrar esos sentimientos. Que recuerde las veces que me desvinculé de las relaciones con personas porque no sabía cómo demostrar amor o como me sentía.

Hoy recordaré

Cuando sienta amor, estaré amando.

Meditación del día

Dar amor es una satisfacción en sí misma. No importa si el amor es correspondido o no. Si sólo ofrezco amor para conseguir una respuesta bajo condiciones impuestas por mí, este amor se cancela por mis motivos. Si tengo la capacidad de amar, lo que reciba a cambio es algo extraespecial. Es por medio de dar amor, libremente y sin expectativa de ser correspondido, que nos encontramos y nos edificamos espiritualmente. *¿He empezado a creer en las palabras de Goethe:" El amor no domina; cultiva..."?*

Oración

Que yo, tratando empecinadamente de agradar a la gente y buscando su aprobación, sepa que el único amor real no pide amor a cambio. Que Dios tenga paciencia cuando yo trate de poner en práctica este principio. Que me libre del orgullo que se interpone en el camino del amor. Que pueda desechar mis juegos del gato y el ratón que no deben existir en el amor real.

Hoy recordaré

No daré amor para recibir amor.

Meditación del día

Poco a poco y con seguridad, soy capaz de aceptar las faltas y también las virtudes de otras personas. El Programa me enseña a "siempre amar lo mejor en los demás y a nunca temer a lo peor". Esta no es una transición fácil de mi forma anterior de pensar, pero estoy empezando a ver que todas las personas —incluyéndome yo— hasta cierto punto están emocionalmente enfermas y con frecuencia equivocadas. *¿Estoy acercándome a la verdadera tolerancia? ¿Estoy empezando a ver qué es sentir amor verdadero por mis compañeros?*

Oración

Que Dios me otorgue tolerancia por los defectos o síntomas enfermizos o la insensibilidad de los demás, de forma que pueda amar sus buenas cualidades. Que Dios me enseñe el verdadero significado del amor, que debe incluir paciencia y el perdón. Que no pase por alto las faltas de las personas que amo, y que trate de entenderlas.

Hoy recordaré

El amor es comprensión.

Meditación del día

En el proceso de aprender a amarme y, a su vez, amar a otras personas sin precondiciones, he comenzado a comprender las palabras de San Agustín: "El amor destruye lo que hemos sido, para que podamos ser lo que no éramos". Siento cada vez el poder enorme de tal amor en el Programa; para mí, las palabras "nos preocupamos" significan también "nos amamos". *¿Sólo hoy trataré de demostrar amor en cada pensamiento y cada acción?*

Oración

Ruego que pueda sentir la enormidad y el poder del amor que encuentro en el Programa. Que mi propio afecto y cuidado se agregue a esa gran energía del amor que nos pertenece a todos. Que me importe con todo mi corazón que mis compañeros de Programa conserven su sobriedad y que estén aprendiendo a vivir con ella a gusto y creativamente. Que nunca dude de que ellos se preocupan por mí de la misma manera.

Hoy recordaré

Cuidar y preocuparse de los demás causa el cambio.

Meditación del día

"El principio del amor es permitir a las personas que amamos ser enteramente ellas mismas, sin tratar de que se amolden a nuestra imagen. "De no ser así", escribió Thomas Merton, "amamos sólo lo que ellas reflejan de nosotros". A medida que reemplazo mis adicciones autodestructivas con una dependencia sana en el Programa y sus Doce Pasos, me doy cuenta de que desaparecen las barreras del silencio y del odio. Al aceptarnos como somos, aprendemos nuevamente a amar. *¿Me preocupo lo suficiente de los demás en el Programa como para continuar trabajando con ellos cuanto sea necesario?*

Oración

Que sea lo suficiente abnegado para amar a las personas como son, y no como quiero que sean cuando reflejen mi imagen o alimenten mi ego. Que disminuya mi avidez de amar —ahora que soy capaz nuevamente de sentir amor— y me pregunto si realmente amo a alguien o sólo amo la idea que esa persona tiene de mí. Que quite el "yo" de mi forma de amar.

Hoy recordaré

El amor es incondicional.

Meditación del día

"Me parece", escribió Bill W., el cofundador el AA, "que el objeto primario de cualquier ser humano es crecer, de acuerdo al designio de Dios, dado que esa es la naturaleza misma de todas las cosas que crecen. Nuestra búsqueda debe ser de la realidad que podamos encontrar y que incluye la mejor definición y sentimiento de amor que podamos adquirir. Si la capacidad de amar está en el ser humano, entonces ciertamente debe estar en su Creador". *¿Rogaré hoy no tanto ser amado, sino amar?*

Oración

Dios, concédeme la paciencia de toda una vida en mi búsqueda de la mejor respuesta a la pregunta de qué es el amor. Que sepa que la definición vendrá a mí poco a poco al jugar los diferentes roles de la vida: niño, amante, padre, maestro, amigo, ser espiritual. Que agradezca mi experiencia como persona drogodependiente que da una dimensión especial al significado del amor.

Hoy recordaré

Todo amor refleja el amor de Dios.

Meditación del día

El Programa me enseña que no existen muchas personas que puedan afirmar verdaderamente que aman a todos. La mayoría de nosotros tiene que admitir que hemos amado sólo a algunas personas, y que hemos sido indiferentes a muchas otras. Bien, en cuanto al resto las hemos detestado u odiado. En el Programa necesitamos algo mucho mejor que esto para mantener nuestro equilibrio. Debemos abandonar la idea de que podemos amar posesivamente a algunas personas, ignorar a muchas otras, y continuar temiendo u odiando a cualquiera, aunque sea un poco a poco. *¿En las reuniones, me concentro en el mensaje en lugar de en el mensajero?*

Oración

Que entienda que no hay lugar en mi recuperación —o en toda mi vida como persona drogodependiente, para un odio tóxico o para una indiferencia aburrida. Una de las ideas positivas más importantes que debo llevar conmigo es que todos los seres humanos, como hijos de Dios, constituyen una hermandad amorosa. Que encuentre difícil odiar a un hermano.

Hoy recordaré

Oír el mensaje. No criticar al mensajero.

Meditación del día

Ajustándome a las cosas como son, y pudiendo amar sin tratar de interferir o controlar a nadie, no importa lo cercana que una persona esté de mí —es una de las cosas importantes que busco y encuentro en el Programa. A veces, el aprendizaje es doloroso; sin embargo, la recompensa es la vida misma —completa y serena. *¿Está ayudándome el Programa a devolverme a una forma sana y racional de pensar, para manejar mis relaciones interpersonales con amor y comprensión?*

Oración

Que respete a las personas que amo lo suficiente para liberarlas, para dejar de controlar, manipular, maquinar planes, rescatándolas de problema. Que las pueda amar lo suficiente para dejar que cometan sus propios errores y se responsabilicen de ellos. Que aprenda a dejar mis malos hábitos.

Hoy recordaré

Amar significa liberar.

Meditación del día

Pocos de nosotros estamos completamente libres del sentimiento de culpa. Nos sentimos culpables debido a nuestras palabras o acciones, o por cosas sin terminar. Incluso, podemos sentirnos culpables debido a las acusaciones irracionales o falsas de los demás. Cuando siento que me carcome la culpa queda claro que no puedo aportar a mi día todo lo que podría aportar. De manera que debo desechar la culpa —no dejándola a un lado ni ignorándola, sino identificando y corrigiendo la causa. *¿He comenzado a aprender finalmente a no complicar las cosas?*

Oración

Que aprenda a no culpabilizarme, a no dejar que me hagan sentir culpable cuando considere que no lo soy. Dado que, sin lugar a dudas, tengo los vestigios de la culpa de mi comportamiento de adicto, no necesito el peso extra de una culpabilidad irracional impuesta en mí. Yo dependo de Dios para ayudarme a clasificar y librarme de esas punzadas de culpa, tanto sean justificadas o no, que deben reconocerse y eliminarse.

Hoy recordaré

El veredicto de culpabilidad no es para toda la vida.

Meditación del día

Un amigo en el Programa me enseñó a mirar a la culpa excesiva de una forma completamente nueva, sugiriendo que la culpa era nada más que una clase de orgullo a la inversa. Está bien sentir arrepentimiento sincero por algo que pasó, dijo él. Pero no la culpa. He aprendido desde entonces que condenándonos por los errores que hemos hecho es tan malo como condenar a los demás por los suyos. Nosotros no estamos realmente preparados para juzgar, ni siquiera a nosotros mismos. *¿Me atormento todavía cuando parece que estoy fracasando?*

Oración

Que tenga cuidado de no mantener latente mi sentimiento de culpa mucho tiempo después haber tenido que dejarla. Que conozca la diferencia entre el arrepentimiento y la culpa. Que reconozca que la culpa a largo plazo puede sugerir una idea exagerada de mi propia importancia, así como de mi sentimiento presente de creer ser muy justo y bueno. Que sólo Dios sea mi juez.

Hoy recordaré

La culpa puede ser orgullo a la inversa.

Meditación del día

Algunos de nosotros, cuando éramos nuevos en el Programa, no podíamos resistir contarle, a quien nos quisiera escuchar, lo terrible que éramos. Así como a menudo exageramos nuestros logros modestos por orgullo, también exageramos nuestros defectos a causa de la culpa. Apresurándonos y "confesándolo todo", consideramos que de cierta forma la exposición detallada de nuestros pecados era verdadera humildad y un gran recurso espiritual. Sólo cuando avanzamos en el Programa comprendemos que nuestras representaciones y narrativas eran meramente formas de exhibicionismo. Y con esa compresión llegó el comienzo de una cierta humildad. *¿Estoy empezando a darme cuenta de que después de todo no soy tan importante?*

Oración

Que aprenda que existe una gran diferencia entre la humildad verdadera y la humillación teatral. Que me llamen la atención si inconscientemente pido ser el centro de atención para sentirme más que los demás con los relatos de las aventuras de mi adicción. Que no permita que contar mis hazañas durante la adicción tome el cariz épico de proezas heroicas,.

Hoy recordaré

No iniciaré un monólogo de mis hazañas de adicto.

Meditación del día

Cuando menos lo espere, mi mente perspicaz adictiva intentará empujarme hacia mis antiguas ideas y formas de actuar. De hecho, mi mente es una especialista para sembrar y nutrir sentimientos negativos dentro de mí como la envidia, el temor, la ansiedad o la culpa. En el momento preciso que descubra que emergen cualquiera de estos sentimientos venenosos, debo lidiar con ellos. Si no lo hago, cuanto más piense en ellos, más fuertes se harán, al punto de obsesionarme. *Cuando emergen los sentimientos negativos, ¿los nombro, los reclamo y los desecho?*

Oración

Yo debo saber, y nunca olvidar, que una forma segura de permitir que mis sentimientos me controlen es pretender que no existen. Somos como niños caprichosos que se molestan cuando se les ignora. Pero los sentimientos están allí, son míos y soy responsable de ellos. Que aprenda a prestar atención a mis sentimientos, aún cuando a veces prefiera fingir que no me pertenecen.

Hoy recordaré

Nombrarlos, recuperarlos y desecharlos.

Meditación del día

La culpa es una arma hábil en el arsenal de la persona adictiva, acechando pacientemente en nuestro interior. Podemos usar el arma en nuestra contra de muchas maneras sutiles; puede esgrimirse diestramente, por ejemplo, en un esfuerzo por convencernos de que el Programa realmente no surte efecto. Tengo que protegerme constantemente contra la culpa y las autoacusaciones relacionadas con mi pasado. Si fuera necesario, debo volver a perdonarme constantemente, debo aceptarme con todo lo bueno y lo malo. *¿Estoy esforzándome para avanzar espiritualmente? ¿O me conformaré con la imposibilidad humana de la perfección espiritual?*

Oración

Que busque en mi interior, de tanto en tanto, el sentimiento remanente de culpa que al arder lentamente puede, si me descuido, perjudicar mi propósito. Que deje de torturarme y señalar mis propias imperfecciones, esas dudosas cualidades que me impiden alcanzar mi ideal de perfección. Que deje de esmerarme para ser inalcanzable e inhumanamente perfecto y sea, en cambio, espiritualmente íntegro.

Hoy recordaré

Soy humano con una parte buena, y otra parte no tan buena.

Meditación del día

Muchos de nosotros hemos tenido dificultad para librarnos de los azotes de la culpa. En mi propio caso, en los primeros días en el Programa, malentendí algunos de los Doce Pasos, o traté de aplicarlos demasiado rápido y ansiosamente. El resultado fue un aumento de mis sentimientos de culpa y de inutilidad, en lugar de liberarme de ellos como era la intención de los Doce Pasos. Muy pronto estuve menos dispuesto a perdonarme, e hice un nuevo comienzo. Me concentré en los Doce Pasos del Programa para hacer la búsqueda y limpieza interior como era debido, y no desde una posición subterránea de odio y culpa paralizante. *¿He hecho las paces conmigo mismo?*

Oración

Que me perdone, como Dios me ha perdonado. Que pueda saber que si sigo aferrado al lastre de la culpa, no estoy siguiendo el ejemplo que Él me ha mostrado. Si Dios puede perdonarme, como lo ha demostrado guiándome a este lugar para sanar, yo también lo puedo hacer. Que no acepte de mala gana lo que Él tan generosamente me ha ofrecido.

Hoy recordaré

Si Dios perdona; también lo puedo hacer yo.

Meditación del día

No creo que el Programa y los Doce Pasos funcionen porque lo leí en un libro, o porque me lo dijeron otras personas. Lo creo porque veo a otras personas recuperándose y porque sé que yo, también, estoy recuperándome. Ya no me siento "indefenso y desesperado". Cuando veo el cambio en otras personas y en mí, *sé* que el Programa surte efecto. Cuando un reportero de la televisión preguntó una vez al filósofo Jung si él creía en Dios, Jung contestó lentamente, "Yo no creo —lo sé". *¿Sé que el Programa funciona?*

Oración

Muéstrame los finales felices, las vidas reformadas, los egos reconstituidos, los puentes reconstruidos, para no tener que aceptar que el Programa funciona sólo basado en la fe en él. Que lo vea actuar para los demás y para mí. Que agradezca a la realidad documentada del éxito del Programa. Que esto me ayude a encontrar la fe que necesito para seguir los Doce Pasos.

Hoy recordaré.

El Programa funciona.

Meditación del día

En algún punto del proceso de la recuperación nos involucramos más en el Programa, logramos un marcado conocimiento del crecimiento -el valor de la sinceridad y la franqueza. Cuando esto ocurre, una de las primeras cosas que admitimos es que nuestra conducta pasada ha sido muy insensata o incluso irracional. Tan pronto como podamos admitirlo —sin vergüenza ni turbación— encontramos otra dimensión de la libertad. *En mi recuperación gradual, ¿tengo la esperanza de que la vida se hará aún más rica y más serena?*

Oración

Que sepa, al dar el poderoso Primer Paso, que puede ser el primer acto sincero que he hecho en mucho tiempo, y que la sinceridad necesita práctica. Mi antiguo "yo" confundido difiere del "yo" sincero que debo ser, como la noche del día. Que me dé cuenta que cambiar me llevará más de un amanecer brumoso.

Hoy recordaré

Es necesario practicar la sinceridad.

Meditación del día

Aprender a vivir en paz, en cooperación y hermandad con todos los hombres y mujeres, es una aventura fascinante y a menudo llena de emociones. Pero cada uno de nosotros en el Programa constató que no podemos avanzar mucho en nuestra nueva aventura de vivir si no nos tomamos el tiempo para hacer un estudio amplio y minucioso de los escombros humanos dejados en el camino. *¿He hecho una lista de las personas que he dañado, como lo sugiere el Octavo Paso, y estoy dispuesto a reparar el daño que les causamos?*

Oración

Que Dios me dé la honestidad que necesito, no sólo para observar dentro de mí y descubrir qué hay allí realmente, sino para ver las maneras en las que mi conducta enferma e irresponsable afectó a aquellos a mi alrededor. Que entienda que mi adicción no es, como pensaba, la enfermedad de una persona solitaria; que, sin importar cuán solo me sintiera, mis mentiras e invenciones se extendieron a mi alrededor ensanchando los círculos de dolor.

Hoy recordaré

Las mentiras se extienden hasta el infinito.

Meditación del día

El Noveno Paso del Programa es: "Hacer reparaciones directas a la personas cuando sea posible, excepto cuando al hacerlo pueda perjudicarlas". Hacer reparaciones por los errores cometidos puede ser sumamente difícil; desinfla nuestros egos y abate nuestro orgullo. Pero eso en sí es una recompensa y la reparación puede traer más recompensas aún. Cuando nos acercamos a una persona y le decimos que lo sentimos, la reacción, casi invariablemente, es positiva. Claro, se requiere tener valentía, pero los resultados justifican con creces la acción. *¿He hecho todo lo que está de mi parte para hacer posible la reparación?*

Oración

Que pueda contar con mi Poder Superior para detenerme si trato de zafarme de mi responsabilidad en el Noveno Paso. Que sienta la bendición y el alivio liberador que acompaña a alguien a quien lastimé. "Estaba equivocado. Cometí errores. Lo siento sinceramente". Que no me preocupe si se rompe la costra quebradiza de mi ego, dado que mi interior será más maduro.

Hoy recordaré

La reparación es una bendición.

Meditación del día

La aptitud para aceptar todas las consecuencias de mis acciones pasadas, y la responsabilidad por el bienestar de los demás al mismo tiempo, es el mismo espíritu y la esencia del Noveno Paso. Una disculpa informal rara vez será suficiente para reparar una ofensa, por el contrario, un cambio verdadero de actitud puede hacer maravillas contra las crueldades pasadas. Si he privado a alguien de una cosa material, reconoceré la deuda y la pagaré lo antes que pueda. *¿Me tragaré mi orgullo y daré el primer paso hacia la reconciliación?*

Oración

Dios, muéstrame las mejores maneras de hacer "reparaciones francas". Algunas veces admitir mis errores puede ser suficiente para algunas personas y para descargar mi culpa latente. Otras veces, la rectificación debe pensarse creativamente. Que sea totalmente consciente de que no puedo tomar este Noveno Paso a menos que tenga una preocupación sincera de cómo se sienten los demás, junto con cambios en mi conducta.

Hoy recordaré

Primero me preocupo, después me disculpo.

Meditación del día

Hoy creo que tengo derecho a progresar espiritualmente. Tengo el derecho de ser emocionalmente
maduro. Tengo el derecho de disfrutar mi propia
compañía, y eso me hace más agradable. También
tengo el derecho de estar dispuesto —en forma profunda y completa— a rectificarme ante todas las personas que ofendí. Porque si ahora puedo aceptarme a
mí mismo como soy, también puedo aceptar a otras
personas como son, no enteramente, pero en mayor
grado que en el pasado. *¿He empezado a hacer amistad con Dios, y por lo tanto conmigo mismo?*

Oración

Que Dios me muestre que está bien agradarme a mí
mismo, al tratar de reparar errores antiguos y de
reconstruir desde las astillas. Que siga diciéndome
que ahora soy diferente, que he cambiado, que soy
una persona mejor, más sabia y sana, que he hecho
algunas buenas opciones. Como esta "nueva persona",
que encuentre más fácil hacer expiaciones por lo que
pasó hace tiempo y en otro lugar espiritual. Que las
personas a quienes perjudiqué encuentren más fácil
aceptar mis rectificaciones.

Hoy recordaré

Está bien agradarme a mí mismo.

Meditación del día

El Programa nos enseña que sólo una consideración debe modificar nuestro deseo de revelar completamente el daño que hemos hecho. Esa consideración es una completa revelación que dañará seriamente a la persona ante quien estamos tratando de reparar un daño previo que le hicimos. O, igual en importancia, a otras personas. Por ejemplo, no podemos descargar un relato detallado de nuestras aventuras extramaritales en los hombros de un cónyuge que no tiene sospechas. Cuando desconsideradamente hacemos más pesadas las penas de los demás, con seguridad, tales actos no aliviarán nuestros pesares. A veces, en ese sentido, "contar todo" puede ser casi indulgente para con nosotros mismos. Así que cuando hagamos reparaciones, debemos ser diplomáticos, sensibles, considerados y humildes, sin ser serviles. *Como hijo de Dios, ¿mantengo la cabeza erguida y no me humillo ante nadie?*

Oración

Que Dios me muestre que el odio de sí mismo no tiene lugar cuando se hacen reparaciones con los demás. Tampoco lo hace el simulacro de indulgencia de sí mismo. Pido humildemente la guía de Dios a medida que me esfuerzo para mantener un equilibrio maduro en las relaciones personales, aún en las más casuales o frágiles.

Hoy recordaré

Reparar los daños causados es componer.

Meditación del día

Cuando hagamos el Noveno Paso, debemos estar dispuestos a ser completamente íntegros. Por supuesto, la "sinceridad absoluta" e indiscriminada, puede destruir algunas relaciones. No debemos guardarnos nada por medio del engaño y la soberbia; debemos hacerlo por discreción y consideración por los demás. Cuándo y cómo decir la verdad, o permanecer callado, puede frecuentemente revelar la diferencia entre la integridad verdadera y nada absolutamente. *¿Estoy agradecido por los frutos de la verdad que por la gracia de Dios, he tenido el privilegio de recibir?*

Oración,

Que tenga la sabiduría de conocer la diferencia entre el tacto y la falsedad. En mi avidez de reparar ofensas que no juegue al encantador, al lisonjero o al humillador que insiste, "Eres muy bueno, y yo soy muy malo". Todas éstas son formas de falsedad y de retorno a los días de jugar a roles en mi adicción activa. Que las pueda reconocer.

Hoy recordaré

Tacto es selectividad sincera.

Meditación del día

"Directamente" es una palabra clave en el Noveno Paso. Desafortunadamente, hay momentos cuando muchos de nosotros esperamos que las rectificaciones indirectas sean suficientes, evitándonos el dolor y la supuesta humillación de abordar a personas directamente y contarles nuestros errores. Esto es una evasión y nunca nos dará un verdadero sentido de separarnos de los errores del pasado. Demuestra que estamos todavía tratando de defender algo que deberíamos haber abandonado. Las razones comunes para no rectificarse directamente son el orgullo y el temor. *Cuando hago reparaciones con los demás, ¿comprendo que se acumulan los beneficios reales y duraderos para mí?*

Oración

Que pueda estar seguro de que la mejor recompensa para ser recto al tratar de reparar los daños es, después de todo, la mía propia. Que pueda evitar reparar ofensas sólo para mi beneficio, para ser perdonado, para que se me vuelva a aceptar, para hacer alarde de mi nuevo "yo". Inflar el ego y adular a las personas no son parte de mi nuevo "yo". Que Dios me libre del oportunismo.

Hoy recordaré

No hacer alardes ni adular a la gente.

Meditación del día

Desde el momento que pensamos en una relación torcida o rota con otra persona, nuestras emociones se ponen a la defensiva. Para evitar ver el daño que hemos hecho a otras personas, nos enfocamos con resentimiento en las cosas malas que ellas nos hicieron. Con un aire de triunfo, tomamos su comportamiento malo más pequeño como la excusa perfecta para minimizar u olvidar el nuestro. Debemos recordar que no somos los únicos plagados por emociones enfermas. A menudo, estamos realmente tratando con compañeros que sufren como nosotros, incluyendo aquellos a quienes hemos aumentado sus pesares con nuestras acciones. *¿Si estoy a punto de pedir perdón por mis acciones, por qué no empezar perdonando a los demás?*

Oración

Cuando culpe o encuentre faltas en los demás, que mi Poder Superior me diga que mire debajo de la alfombra de mi propio sentido de culpa, porque hasta allí lo barrí prolijamente. Que reconozca esas señales de conducta por lo que son realmente.

Hoy recordaré

Resentimiento, manifestado externamente, es culpa.

Meditación del día

La complacencia es mi enemiga, fácil de reconocer en otras personas, pero difícil de identificar y aceptar en mí. La complacencia simplemente significa que tenemos razón, que damos por sentado que no podíamos estar equivocados. Significa además que juzgar a los demás por lo que pensamos es correcto. Anula la comprensión y la bondad, y parece justificar en nosotros cualidades que consideraríamos intolerables en otras personas. *¿Tengo la tendencia a suponer que mis puntos de vista son siempre los correctos?*

Oración

Dios, por favor aléjame de la complacencia pasada, esa condición de estar en punto muerto. Cuando soy presumido, dejo de buscar mi mejoría. Si supongo que tengo siempre la razón, nunca estaré alerta a mis propios errores y me podrán arrastrar a la recaída. Permite que se me enseñe. Permite que siga creciendo en mi corazón, mente y espíritu.

Hoy recordaré

La complacencia atrofia el crecimiento.

Meditación del día

El objetivo principal del Programa es liberarse de la adicción; sin esa libertad no tenemos nada. Pero eso no significa que pueda decir, por ejemplo, "La sobriedad es mi única preocupación. Salvo mi beber, soy realmente una persona excelente, por lo tanto si tengo la sobriedad, todo está bien". Si yo me engaño con algo tan ridículo, no avanzaré mucho en la resolución de mis problemas y responsabilidades de la vida real, y es probable que vuelva a mi adicción. Por eso los Doce Pasos del Programa nos instan a "practicar esos principios en todos nuestros asuntos *¿Estoy viviendo simplemente para estar libre de depender de las drogas, o también para aprender, servir y amar?*

Oración

Que me deleite y agradezca mi sobriedad, que es donde empiezan todas las cosas buenas. Pero no dejes que me detenga ahí, y cese de tratar de entenderme a mí mismo, a la naturaleza misma de Dios y a la humanidad. Ser libre de la dependencia es la primera libertad. Que pueda estar seguro que vendrán muchas cosas más, libertad de la inflexibilidad de la mente, de la inquietud de los sentimientos reprimidos, de la superdependencia de los demás, de una existencia sin Dios. Que el Programa que respondió a mis necesidades agudas también responda a mis necesidades crónicas.

Hoy recordaré

La sobriedad es sólo el principio.

Meditación del día

Si alguna vez llego a la conclusión complaciente de que ya no necesito del Programa, permíteme rápidamente recordar que puede hacer mucho más que arrancarme de la angustia de vivir en la esclavitud de la adicción. Que me recuerde a mí mismo que puedo progresar más para satisfacerme, dado que el Programa y los Doce Pasos son una filosofía —un estilo de vida. *¿Alguna vez superaré la necesidad del Programa?*

Oración

Que mi Poder Superior me guíe por los Doce Pasos, no sólo una vez, sino una y otra vez, hasta que se conviertan en los principios guías de mi existencia. Éste no es un seminario rápido para mejorar la calidad de mi vida, esta es mi vida restaurada por medio del Poder Divino y la confraternidad de mis amigos adictos que, como yo, están recuperándose de la mejor forma posible.

Hoy recordaré

Paso a paso, de la esclavitud a la vida abundante.

Meditación del día

Cuántos de nosotros presumiríamos diciendo, "Bien, estoy sobrio y contento. ¿Qué más puedo desear o hacer? Yo estoy bien de la forma que soy". La experiencia nos ha enseñado que el precio de tal complacencia o, en otras palabras, la autosatisfacción, es un desliz inevitable, acentuado tarde o temprano por un despertar muy abrupto. Tenemos que crecer, o nos deterioraremos. Para nosotros, el estado de las cosas puede ser sólo para hoy, nunca para mañana. Debemos cambiar; no podemos detenernos. *¿Estoy tentado a veces de dormirme en mis laureles?*

Oración

Que mire a mi alrededor y vea que todos los seres vivientes crecen o se deterioran; nada vivo es estático, la vida sigue su curso. Que pueda ser transportado en esa corriente de la vida, sin miedo al cambio, desentendiéndome de los contratiempos del camino, que aminoran mi marcha e interrumpen mi progreso.

Hoy recordaré

Vivir es cambiar.

Meditación del día

Poco a poco estoy superando mi tendencia a retardar las cosas. Yo siempre dejaba las cosas para mañana, y, por supuesto, nunca se hicieron. En lugar de "hacerlo ahora," mi lema era "mañana será otro día". Cuando estaba bajo la influencia del alcohol o las drogas, tenía planes grandiosos; cuando se me pasaba el efecto, estaba demasiado ocupado en recobrarme como para empezar algo nuevo. He aprendido en el Programa que es mucho mejor cometer un error de vez en cuando que no hacer nunca nada. *¿Estoy aprendiendo a hacerlo ahora?*

Oración

Dios ayúdame a curar mi tardanza habitual para "llegar a tiempo a la iglesia". Que me libre del caos autoimpuesto de demorar: no entregar a tiempo los libros de la biblioteca, citas casi perdidas, tareas entregadas tarde, horarios no cumplidos, comidas a medio cocinar. Que pueda estar seguro de que si siendo adicto llevaba una vida desordenada, ahora siendo un adicto en recuperación necesito orden. Que Dios me dé la serenidad que necesito para recuperar el orden y la organización a mi vida diaria.

Hoy recordaré

No dejaré que mi tendencia a retrasar, retrase mi recuperación.

Meditación del día

Casi diariamente, escucho hablar de coincidencias aparentemente misteriosas en las vidas de mis amigos en el Programa. De vez en cuando, he experimentado tales "coincidencias": presentarse exactamente en el lugar y momento correctos; telefonear a un amigo, que sin yo saberlo, necesitaba desesperadamente esa llamada en ese momento preciso; escuchar mi "historia" en una reunión poco familiar en una ciudad no conocida. Últimamente, escojo creer que muchas de las coincidencias de la vida son en realidad pequeños milagros de Dios que prefiere permanecer anónimo. *¿Estoy continuamente agradecido del milagro de mi recuperación?*

Oración

Que mi conocimiento de un Poder Superior obrando en nuestras vidas crezca en sensibilidad a medida que aprendo, cada día, que las "coincidencias" desafían las estadísticas: enfermedades que invierten sus diagnósticos, escapes por un pelo de situaciones peligrosas, desafiando la muerte, reuniones fortuitas que cambian el curso de una vida. Cuando ocurre lo inexplicable, que pueda percibirlo como si fuera otro de los milagros frecuentes de Dios. Mi propio milagro de desafiar la muerte es prueba suficiente para mí.

Hoy recordaré

Mi vida es un milagro.

Meditación del día

Una vez que nos rendimos y vinimos al Programa, muchos de nosotros nos preguntamos que íbamos a hacer con tanto tiempo libre en nuestras manos. Todas las horas que previamente pasaba urdiendo planes, fabricando excusas, escondiéndome, emborrachándome o drogándome, deprimiéndome, recuperándome, haciendo malabarismos con las cuentas, y todo lo demás, amenazaron con convertirse en espacios vacíos de tiempo que tenían que llenarse de alguna manera. Necesitábamos una nueva energía que previamente fue absorbida por nuestras adicciones. Pronto comprendimos que sustituir una actividad nueva y diferente es mucho más fácil que simplemente detener la antigua actividad y no poner nada en su lugar. *¿Estoy redireccionando mi mente y energía?*

Oración

Ruego para que, una vez libre del estorbo de mi adicción, pueda apelar a mi Poder Superior para descubrir cómo llenar mi tiempo en forma constructiva y creadora. Que el mismo Poder que hace que los senderos humanos intersecten y unan a ciertas personas a situaciones específicas, me lleve por nuevos caminos buenos en nuevos lugares buenos.

Hoy recordaré

Una circunstancia fortuita puede ser más que casualidad.

Meditación del día

Aprendí en el Programa que para mí el secreto no es dejar de beber, sino permanecer sin beber y aprender a no *empezar* de nuevo. Dejar de beber fue siempre relativamente fácil, aunque fuera por pura incapacidad; Dios sabe muy bien que yo dejé literalmente miles de veces. Para permanecer sin beber ni drogarse tuve que crear un programa positivo de acción. Tuve que aprender a vivir sobrio, cultivando nuevos hábitos, nuevos intereses y nuevas actitudes. *¿Sigo siendo flexible en mi nueva vida? ¿Estoy haciendo uso de mi libertad para dejar mis objetivos limitados?*

Oración

Ruego que mi nueva vida se llene de nuevos modelos de conducta, nuevos amigos, nuevas actividades, nuevas formas de ver las cosas. Necesito la ayuda de Dios para reparar mi estilo de vida, para que incluya todo lo nuevo que pueda abarcar. Además, necesito algunas ideas propias. Que mi independencia de las drogas o del comportamiento compulsivo me ayude a tomar decisiones con la mente abierta y clara, y con un ojo avizor.

Hoy recordaré

Dejar es empezar.

Meditación del día

Es posible que en un principio fuera el miedo lo que nos acercó al Programa. El miedo solamente puede habernos ayudado a estar apartados de la primera copa, píldora, cigarrillo de marihuana o cualquier otra cosa. Pero el temor no es conducente, a largo plazo, al consuelo y a la felicidad. Tenemos que encontrar alternativas al miedo que nos ayuden a sobrellevar esas primeras horas, días e incluso semanas vacías. Para la mayoría de nosotros la respuesta ha sido estar activo en el Programa. Muy pronto sentimos que por primera vez, desde hace mucho tiempo, somos parte del grupo, empezamos a sentirnos "parte de" en lugar de "separado de". *¿Estoy dispuesto a tomar la iniciativa?*

Oración

Ruego a Dios que me ayude a encontrar alternativas al temor, ese guardián celoso de mi abstinencia inicial. Yo le agradezco a Él por guiarme a un lugar donde puedo conocer a otras personas que sufrieron las mismas compulsiones y miedos. Yo agradezco mi sentimiento de pertenecer al grupo.

Hoy recordaré

Soy "parte de", no "separado de".

Meditación del día

Muchos de nosotros durante nuestros días de adicción activa demostramos poderes fecundos de imaginación casi deslumbrantes. En muy poco tiempo podíamos inventar muchas razones para seguir con nuestras adicciones, o más bien *excusas* que la mayoría de la gente usa para todos sus propósitos en la vida. Cuando por primera vez llegamos al Programa, nuestra mente, que una vez fue muy imaginativa, pareció aletargarse e incluso adormecerse. "¿Y ahora qué hago?", nos preguntamos. Sin embargo, el letargo desaparece gradualmente. Empezamos a aprender a vivir y nos dedicamos a la vida como nunca antes pensamos que fuera posible. *¿Estoy notando ahora que puedo disfrutar de las actividades que ni siquiera hubiera considerado anteriormente?*

Oración

Que Dios me dé una nueva inyección de energía con el objetivo de "dedicarme a la vida" en lugar de pensar en excusas para no hacer frente a mis responsabilidades. Que Él permita restaurar mi imaginación desordenada, no como el zumbido de la actividad excesiva de mis días compulsivos, pero como una bienvenida sana a las posibilidades ilimitadas de la vida.

Hoy recordaré

Dedicarme a la vida.

Meditación del día

El cambio es una parte del flujo de la vida. A veces nos frustramos porque parece llegar muy lentamente. También, nos resistimos al cambio que parece habérsenos impuesto. Debemos recordar que el cambio, en sí mismo, ni nos ata ni nos libera. Sólo nuestra actitud hacia él puede atarnos o liberarnos. A medida que aprendemos a fluir con el río de la vida, rogando para recibir un consejo sobre cualquier cambio que se presente —orando, también, por consejos si queremos hacer un cambio y ninguno parece estar a la vista— nos sentimos dispuestos a actuar. *¿Estoy dispuesto a permitir a Dios esté en los controles, guiándome a través los cambios que debo hacer y en las acciones que debo tomar?*

Oración

Cuando el cambio llega demasiado rápido, o no lo suficiente para mí, ruego que pueda ajustarme para usar la libertad que me ofrece el Programa. Ruego a mi Poder Superior que me aconseje cuando se presente el cambio, o cuando no lo haga, y deseara que lo hiciera. Que pueda escuchar el consejo de ese Poder.

Hoy recordaré

Dios está a los controles.

Meditación del día

Es hora de empezar a ser responsable de mis actos. Es hora de estar dispuesto a tomar iniciativas. Si mi nueva vida en el Programa es válida y correcta, si creo verdaderamente, y sin titubear, podré resistir la prueba de estar expuesto a las situaciones y problemas de la vida real. Así que no tendré miedo de ser humano y, si fuera necesario, cometer errores en el proceso de vivir. Vivir es todo lo que trata el Programa. Vivir involucra compartir, aceptar, dar, interactuar con la gente. Ahora es el momento de poner mi fe en acción. *¿He empezado a practicar lo que predico poniendo en acción a mis nuevos pensamientos e ideas?*

Oración

Que el Programa, con la ayuda de Dios, me brinde la oportunidad de llevar una vida estable, creadora y tender la mano a los demás para compartir lo que se me ha dado. Que comprenda en este día de la Declaración de la Independencia de Estados Unidos, que yo también, estoy celebrando mi liberación, la liberación de mi adicción.

Hoy recordaré

Celebrar mi libertad personal.

Meditación del día

Yo tengo la libertad de ser, hacer, aceptar y rechazar. Tengo la libertad de ser la persona sabia, afectuosa y paciente que quiera ser. Tengo la libertad de hacer lo que considere sabio, lo que no perjudique ni ofenda a una persona. Tengo la libertad de hacer lo que me guiará al camino de la paz y la satisfacción. Tengo la libertad de decidir a favor o en contra, de decir no y de decir sí. Tengo la libertad de vivir de una manera productiva y aportar lo que tengo que dar a la vida. *¿Creo que tengo la libertad de ser lo mejor posible?*

Oración

Permite que la libertad que disfruto ahora continúe fluyendo en mi vida hacia la productividad, hacia la convicción de la bondad de la vida que siempre he querido compartir. Que acepte esta libertad bendecida por Dios y la use sabiamente.

Hoy recordaré

Que la libertad se manifieste en mi vida.

Meditación del día

Algunas personas en el Programa no sienten que pueden hacer las cosas que desean. Dudan de su propia capacidad. Pero en realidad, cada persona tiene una capacidad sin explorar. Nosotros somos hijos de Dios que debe darnos una señal clara acerca de la naturaleza *infinita* de nuestra capacidad. Como seres espirituales, somos ilimitados. Es cierto que encontraremos más fácil aceptar esto como verdadero en una persona que se destaca en un campo en particular. Podemos comparar nuestros logros con los de otras personas y sentirnos descorazonados. Pero la única comparación que necesitamos o debemos hacer es con nuestro yo interno. *¿Soy una persona mejor y más productiva hoy?*

Oración

Que comprenda que soy un hijo de Dios. Y este padre afectuoso promete darme lo que necesito, no lo que yo desearía; es su forma de enseñarme a ser lo que soy, no lo que yo soñé que debería ser. Como un ser espiritual, puedo verdaderamente ser una persona productiva —incluso hacer algunas cosas que me sentí incapaz de hacer sin la ayuda de bebidas, píldoras o comidas excesivas que me calmaban dándome una falsa sensación de confianza.

Hoy recordaré

Compararme con lo que era antes.

Meditación del día

Muchas cosas maravillosas podrían pasar en mi vida si pudiera librarme de mi impulso natural de justificar mis acciones. ¿Está mi sinceridad tan reprimida bajo capas de culpa que no la puedo liberar para entender mis motivos? No es fácil ser honestos con nosotros mismos. Es difícil investigar por qué sentí un impulso y, más importante aún, por qué actué de cierta forma. Nada nos hace sentir tan vulnerables como dejar la muleta de la excusa, pero mi predisposición a ser vulnerable me ayudará mucho en el Programa. *¿Soy más consciente de que la autodecepción multiplica mis problemas?*

Oración

Que Dios me quite el impulso de fabricar excusas. Que me ayude a hacer frente a la realidad que emerge cuando soy franco conmigo mismo. Que me ayude a saber que, con la seguridad de que habrá un nuevo amanecer, mis dificultades disminuirán si confiara en la voluntad de Dios.

Hoy recordaré

Estaré dispuesto a hacer su voluntad.

Meditación del día

Cuando hablemos con un amigo en el Programa, no debemos dudar de recordarle nuestra necesidad de intimidad. La comunicación íntima es normalmente tan libre y fácil entre nosotros que incluso un amigo o el padrino pueden a veces olvidarse cuando esperamos que permanezca callado. Esas "comunicaciones confidenciales" tienen ventajas importantes. En primer lugar, encontramos en ellas la oportunidad perfecta de ser lo más sinceros posible. Segundo, no tenemos que preocuparnos de la posibilidad de lastimar a otras personas, ni el miedo al ridículo ni a la condena. Al mismo tiempo, tenemos la mejor oportunidad para descubrir la autodecepción. *¿Inspiro confianza en las personas que confían en mí?*

Oración

Ruego a Dios que me ayude a convertirme en un confidente leal. Yo necesito ser una persona con quien otros deseen compartir sus problemas. Debo ser un receptor activo, no sólo un transmisor. Hoy, ruego por una gran parte de cosas probadas y dignas de confianza, para poder ser un amigo mejor y más receptivo con las personas que escogen confiar en mí.

Hoy recordaré

Ser más receptivo.

Meditación del día

Cuando sólo hacemos cambios superficiales en nosotros, y aparentamos estar de acuerdo con el Programa, nuestro progreso es lento y mayor la probabilidad de la recaída. Nuestra regeneración debe ser como un verdadero renacimiento espiritual, debe ir muy profundo. Cada falla de carácter debe ser reemplazada por una cualidad nueva y positiva. *¿Soy completamente sincero conmigo mismo para descubrir las faltas que entorpecen mi crecimiento espiritual? ¿Estoy empezando a reemplazarlas con cualidades positivas?*

Oración

Que la mano protectora de Dios me saque de la oscuridad de mi miedo más tenebroso –volver a ser lo que no quiero ser. Por favor, Dios, necesito que me des valor para hacer un examen honesto de mí mismo. Por favor ayúdame a cultivar mis cualidades positivas y a empezar a liberarme de mis temores.

Hoy recordaré

Debo renacer en el Espíritu.

Meditación del día

El Programa es un camino, no un lugar para descansar. Antes de asistir al Programa y, para algunos muchas veces después, la mayoría de nosotros buscaba respuestas a los problemas de la vida en la religión, la filosofía, la psicología, grupos de autoayuda y cosas por el estilo. Invariablemente, estos campos determinaron las metas, que era precisamente lo que queríamos; ofrecían libertad, calma, confianza y alegría. Pero había un pretexto importante: nunca nos dieron un método práctico para llegar allí. Nunca nos dijeron cómo ir desde donde estábamos hacia donde se suponía que íbamos. *¿Creo realmente que puedo encontrar todo lo que necesito y que quiero practicar los Doce Pasos?*

Oración

Que sepa que, una vez que cubra los Doce Pasos, mi trabajo no ha terminado. La vida no es un campo llano, sino una cuesta ascendente. Se deben dar los pasos repetidamente y recordarlos. Que esté seguro de que una vez que esos pasos se vuelvan totalmente conocidos para mí, me llevarán a cualquier parte que desee ir.

Hoy recordaré

Los Doce Pasos son el camino, no un lugar para descansar.

Meditación del día

Alguien definió una vez el ego como "la suma total de las ideas falsas sobre mí". El esfuerzo persistente de trabajar en los Doce Pasos me despoja gradualmente de las ideas falsas sobre mí mismo. Esto permite un crecimiento casi imperceptible pero firme en mi comprensión de la verdad sobre mí mismo. Y a su vez, lleva a una comprensión creciente de Dios y de otros seres humanos. *¿Me esfuerzo por ser sincero conmigo mismo, y admito rápidamente mis errores?*

Oración

Dios, enséñame a entender; enséñame a conocer la verdad cuando la encuentre; enséñame la importancia de ser honesto conmigo mismo para decir, sinceramente, "yo estaba equivocado", seguido de "lo siento". Enséñame que hay algo llamado "ego saludable" que no requiere que los sentimientos sean tratados como fármacos que afectan el carácter. Que pueda lentamente, como en una cuerda floja, lograr el equilibrio ideal, para abandonar las redes de falsedad y compulsión.

Hoy recordaré

Mantener mi equilibrio.

Meditación del día

En muchos aspectos, la confraternidad del Programa es como un crucero muy feliz o, en casos de problemas, como una flota escolta. Pero a la larga debemos trazar nuestro propio rumbo en la vida. Cuando los mares son calmos, nos podemos descuidar. Si descuidamos el Décimo Paso, podemos salirnos de la costumbre de verificar nuestra posición. Sin embargo, si estamos atentos al Décimo Paso, muy rara vez nos equivocaremos tanto como para no hacer correcciones y retomar nuestro rumbo. *¿Comprendo que la práctica regular del Décimo Paso puede ayudarme a determinar qué otro paso es el indicado para alcanzar un estado de ánimo más feliz y de serenidad?*

Oración

Que el Décimo Paso sea el sextante con el cual pueda leer mi posición en el mar, para corregir mi curso, volver a rehacer mi ruta si estoy yendo hacia aguas poco profundas. Que tenga siempre presente que si no fuera por la experiencia del capitán y la vigilancia de mis compañeros de tripulación, esta nave podría ir a la deriva y muy fácilmente me sobrecogería la zozobra.

Hoy recordaré

Navegar con una estrella guía.

Meditación del día

Últimamente voy a las reuniones para escuchar las semejanzas y no las diferencias entre yo y las personas en el Programa. Cuando busco las semejanzas es asombroso cuántas encuentro, particularmente en lo referente a los sentimientos. Hoy en día voy a las reuniones pensando que no estoy allí debido a las adicciones de otra persona, sino debido a las mías y, más importante aún, a lo que la adicción causó a mi espíritu y a mi cuerpo. Estoy aquí porque no hay forma de permanecer libre de mi adicción por mi cuenta. Necesito el Programa y mi Poder Superior. *¿Es menos severo mi juicio de los demás?*

Oración

Que permanezca alerta cuando escuche, una vez más, a Juan, a Julia, a Francisco, a Samuel o a Marta relatar sus historias de penas y tribulaciones. Que encuentre, al escuchar muy atentamente, que cada uno de nosotros tiene algo que ofrecerme para agregar a la historia de mi vida. Que pueda una vez más asombrarme de nuestras semejanzas. Que cada semejanza nos acerque más a nuestras necesidades recíprocas.

Hoy recordaré

Existe fortaleza en ser semejantes.

Meditación del día

Condicionados por nuestras antiguas ideas y formas de vivir, es lógico que tendamos a resistirnos a ciertas sugerencias que nos hacen cuando venimos al Programa por primera vez. Si ése es el caso, no hay necesidad de rechazar *permanentemente* tales sugerencias; hemos constatado que es mejor dejarlas a un lado temporalmente. El hecho es que no hay una forma rápida "correcta" o "incorrecta". Cada uno de nosotros usa lo que es mejor en un momento dado, manteniendo una mente abierta con respecto a otros tipos de ayuda que podemos encontrar valiosos en otro momento. *¿Estoy tratando de permanecer con la mente abierta?*

Oración

Que pueda entender el significado real de una mente abierta, consciente que mi definición antigua de "receptivo" como "comprensivo y tolerante" no parece encajar aquí. Que pueda constantemente mantenerme receptivo a las sugerencias de muchas personas firmes que llegaron al Programa antes que yo. Lo que ha funcionado para ellos puede funcionar para mí, no importa lo improbable u obvio que pueda ser.

Hoy recordaré

Sólo una mente receptiva puede sanarse.

Meditación del día

Enfrentados a la destrucción casi cierta debido a nuestras adicciones, no teníamos otra opción para el futuro que ser receptivos en los asuntos espirituales. En ese sentido, los medicamentos y las drogas que consumíamos eran persuasores potentes; finalmente, nos forzaron a un estado de racionalidad. Aprendimos que cuando cerramos tercamente las puertas de nuestras mentes, estamos dejando fuera mucho más de lo que guardamos. *¿Rechazo inmediatamente las nuevas ideas? ¿O me esfuerzo pacientemente para cambiar mi forma anterior de vida?*

Oración

Que sea receptivo sobre todo en asuntos espirituales, recordando que la palabra "espiritual" es más grande que "religioso". (Yo nací del Espíritu, pero me enseñaron la religión.) Que recuerde que tener una mente cerrada es un síntoma de mi adicción y poseer una mente receptiva es esencial para mi recuperación.

Hoy recordaré

Si dejo fuera más de lo que guardo, ¿qué estoy protegiendo?

Meditación del día

A través de una larga experiencia se ha demostrado que el Programa y los Doce Pasos funcionará para toda persona que se acerque a ellos con una mente receptiva. Debemos recordar que no podemos esperar milagros de un día para el otro; después de todo, tardó años crear la situación en la que nos encontramos hoy. Intentaré ser receptivo y escuchar. Intentaré ser menos apresurado a hacer conclusiones críticas. Me aferraré a la expectativa de que el Programa puede cambiar toda mi vida, con la condición que le dé una oportunidad. *¿He empezado a comprender que mi satisfacción fundamental no depende de que las cosas funcionen a mi manera?*

Oración

Ruego de tener una actitud más receptiva; un poco más de paciencia; un poco menos prisa y más humildad en mis juicios. Que entienda siempre que el cambio vendrá —todo ocurrirá si obedezco la voluntad de Dios. Dios concédeme perseverancia, porque a veces debo esperar un poco para que surtan efecto los Doce Pasos del Programa.

Hoy recordaré

Paciencia.

Meditación del día

Para mi propio bien, iré a las reuniones y participaré en discusiones con una mente receptiva para recibir y aceptar nuevas ideas. Para mi propia tranquilidad y bienestar, intentaré aplicar con determinación esas nuevas ideas a mi propia vida. Recordaré que el Programa me ofrece la instrucción y el apoyo que no encuentro en otra parte. Buscaré a otras personas que entiendan mis problemas, y aceptaré su orientación en asuntos que me causan aflicción y confusión. *¿Trataré de estar dispuesto a escuchar y a compartir?*

Oración

Gracias, Dios, por traer el Programa a mi vida, y con él una mayor comprensión del Poder Divino. Ayúdame a recordar que asistir a las reuniones y estar atento, es muy importante para continuar en este estilo de vida que descubrí dichosamente. Que escuche y comparta con sinceridad, en forma abierta y de buena voluntad.

Hoy recordaré

Esta es la forma: sinceridad, receptividad, buena voluntad.

Meditación del día

Muy pocos sabemos lo que realmente queremos, y no sabemos lo que es mejor para nosotros. Ese conocimiento está en las manos de Dios. Éste es un hecho que, finalmente, debo aceptar a pesar de mi rebeldía y resistencia porfiada. De hoy en adelante, me limitaré a pedir en mis oraciones una orientación, una mente fértil para recibirlo, y la fuerza para actuar. Haré todo lo que esté a mi alcance para postergar todas las decisiones hasta que el contacto con mi Poder Superior deje claro que son las correctas para mí. *¿Regateo con mi Poder Superior, suponiendo que sé que es lo mejor para mí?*

Oración

Que no trate de hacer pactos con Dios. En cambio, que sea como un recipiente, abierto a toda inspiración que Él desee otorgarme. Ruego que pueda recordar que las decisiones de Dios son mejores que mis planes torpes, y de que vendrán a mi cuando las necesite.

Hoy recordaré

No haré pactos con Dios.

Meditación del día

Muchos de nosotros venimos al Programa diciendo que somos agnósticos o ateos. Una vez alguien dijo, nuestra voluntad para *no creer* es tan fuerte que preferimos tener una cita con la muerte a hacer una búsqueda experimental y abierta de un Poder Superior. Afortunadamente para los que tenemos las mentes cerradas, las fuerzas constructivas en el Programa casi siempre vencen nuestra obstinación. En poco tiempo, descubrimos el mundo generoso de la fe y la confianza. Estábamos allí desde el principio, pero nos faltó la buena voluntad y la mente receptiva para aceptarlo. *¿Me ciega todavía mi obstinación con el poder para hacer el bien que reside en la fe?*

Oración

Agradezco a Dios por esta oportunidad de abrir mi mente; para aprender nuevamente sobre la fe y la confianza; para comprender que mi extravío no cambió el lugar de Dios dentro de mí ni su preocupación afectuosa por mí. Que sepa que fue mi propia culpa el haber perdido la fe. Te agradezco Dios por haberme dado otra oportunidad para creer.

Hoy recordaré

Rechazar mi escepticismo.

Meditación del día

"El privilegio de la sabiduría es escuchar", escribió Oliver Wendell Holmes. Si me esfuerzo todo lo posible para cultivar el arte de escuchar —sin hacer críticas ni juicios prematuros—, existen buenas posibilidades de que avance más velozmente en mi recuperación. Si me esfuerzo todo lo posible para escuchar los sentimientos y los pensamientos expresados, en lugar de escuchar al "orador", es posible que se me recompense con una idea útil inesperada. La cualidad esencial de escuchar bien es la humildad que refleja el hecho de que la voz de Dios nos habla a través de sus hijos más humildes y menos elocuentes. *¿Mi actitud de que soy mejor que los demás, cierra mi mente a las sugerencias que me brindan los demás?*

Oración

Que mi Poder Superior me impida creerme "mejor que los demás" ante personas de modales y estilos de hablar o puntos de vista opuestos o que por su falta aparente de conocimientos no logren interesarme en su conversación. Que siempre escuche la voz de Dios, que se pueda escuchar por encima de la conversación de cualquiera de nosotros.

Hoy recordaré

Escuchar las palabras, no al orador.

Meditación del día

Cuando enfrentamos una condición o situación que nos desagrada, ¿cómo podemos tener fe que todo obra en conjunto para algo bueno? Quizás tenemos que preguntarnos qué es la fe. La base de la fe es la verdad y el amor. Nosotros podemos tener fe, si lo decidimos, no importa la situación. Y, si lo decidimos, podemos esperar que se manifieste lo bueno. *¿He tomado mi decisión?*

Oración

Que agradezca la capacidad que Dios me dio de tomar una decisión. Con esta gratitud y mi sentido de la proximidad de Dios, yo escogí la fe. Que esta fe se vuelva tan fuerte como para mover montañas, potente para librarme de mi compulsión, poderosa para resistir la ola de tentaciones que me amenazan, y con suficiente optimismo como para ir más allá de mi dolor actual para lograr la bondad esencial.

Hoy recordaré

Con fe nada es imposible.

Meditación del día

El Programa me enseñó que la esencia de todo mi crecimiento es la voluntad de cambiar a ser mejor. Además, debo tener más fuerza de voluntad para hacer frente a toda responsabilidad que involucre esto, y tomar con valor la acción necesaria.

> "Y las tres cosas que digo son:
> ser, conocer y querer.
> Porque yo soy, y conozco y quiero:
> soy esciente y volente y sé que soy y
> quiero y quiero ser y conocer".
> – San Agustín.

¿Es la buena voluntad un ingrediente clave de mi vida y de la forma que trabajo el Programa?

Oración

Ruego tener la voluntad para hacer lo que pueda, dispuesto a ser todo lo que pueda ser —y lo que a veces es más difícil— la voluntad para ser lo que soy. Además ruego tener la energía para hacer todo con buena voluntad, y de esa forma crecer siguiendo las enseñanzas de Dios y practicando los principios del Programa en todos los aspectos de mi vida.

Hoy recordaré

"Porque yo soy, y conozco y quiero".

Meditación del día

Hoy trataré de contentarme con menos de lo que yo *creía* que era posible *desear,* y de estar dispuesto no sólo a aceptar sino también a apreciarlo. Hoy no esperaré demasiado de los demás, sobre todo de mí mismo. Trataré de recordar que la satisfacción viene de aceptar con agradecimiento todo lo bueno que viene a nosotros, y no de estar furioso con la vida porque no es mejor. *¿Comprendo la diferencia entre la resignación y la aceptación realista?*

Oración

Que no fije mis objetivos demasiado altos ni espere demasiado. Que pueda mirar mi pasado detenidamente hasta ver que las metas imposibles que me tracé eran los adornos de mi adicción, y que con frecuencia me quedaba a medio camino, cara a cara con mi propio fracaso. Esos sentimientos de "derrotado nuevamente", "he fracasado", se hicieron excusas monumentales para ceder a la compulsión que envolvió mis infortunios. Que pueda evitar los patrones enfermizos del pasado. Que tenga un mejor sentido de la realidad.

Hoy recordaré

Ser bueno es suficiente.

Meditación del día

¿Cómo puede una persona entregar su propia voluntad y su vida al cuidado de un poder mayor que ella? Todo lo que se necesita es un principio, no importa lo pequeño que sea. Desde el momento en que ponemos la llave de la buena voluntad en la cerradura, se abre el pestillo. La puerta empieza a abrirse, quizás sólo un poco al principio; pero con el tiempo veremos que podremos abrirla aún más. La puerta siempre se puede reabrir, varias veces si fuera necesario, con la condición que usemos la llave de nuestra buena voluntad. *¿He reafirmado mi decisión de entregar mi voluntad y mi vida al cuidado de Dios, como yo lo concibo?*

Oración

Que reafirme mi decisión de entregar mi voluntad y mi vida a un Poder Superior a mí mismo. Que mi fe sea lo suficientemente fuerte para permitirme ver que existe verdaderamente un poder superior a mí. Que esté a disposición de este Poder con la voluntad de "caminar humildemente con mi Señor".

Hoy recordaré

Terquedad menos ego equivale a voluntad.

Meditación del día

Los lemas del Programa son aparentemente claros y simples. Aun así, pueden tener distintos significados para personas diferentes, de acuerdo a su propia experiencia y reacción a las palabras y las ideas. Por ejemplo, el lema *Dejar todo en las manos de Dios.* A algunas personas les puede sugerir que todo lo que debemos hacer es evitar los retos que nos confrontan y de alguna forma, Dios hará todo el trabajo por nosotros. Debemos recordar que Dios nos da libre albedrío, inteligencia y sentido común, por lo tanto su intención es que usemos esos dones. Si soy receptivo, Dios me hará conocer su voluntad paso a paso, pero debo practicarla. *¿Actúo a veces como si rendirme a la voluntad de Dios fuera un pasaporte a la inercia?*

Oración

Que mi "pasaporte" sea sellado con la palabra "acción". Que mis viajes sean motivados por desafíos que reconozca prontamente como cosas a hacer, no sólo para mirar. Ruego que pueda hacer el mejor uso de los dones de Dios, de los talentos que poseo y de otros que debo descubrir todavía. Que no "entregue mi voluntad" y me dé por vencido, sino que siga aprendiendo, creciendo, actuando, sirviendo, orando y llevando a cabo la voluntad de Dios, como yo lo concibo a Él.

Hoy recordaré

Dios tuvo la intención de que yo hiciera lo mejor de mí mismo.

Meditación del día

Ahora que recibo el beneficio de las letras S R V suge-
ridas por los amigos en el Programa —Sinceridad,
Receptividad, Voluntad— veo las cosas en forma
diferente, como nunca pudiera haber vaticinado ni,
con seguridad, esperado. Comienzo a ver las cosas
muy diferente a como las veía la persona que era
antes de asistir al Programa. La mayor parte de los
días me siento bien. Muy pocas veces me siento mal,
y nunca por mucho tiempo. Por supuesto, nunca tan
mal como me sentía antes constantemente. *¿Es mi
peor día ahora infinitamente mejor que mi mejor día
en el pasado?*

Oración

Que recuerde hoy agradecer a mi Poder Superior, a
mis amigos en el grupo y a toda la confraternidad de
personas drogodependientes, por hacerme saber que
las cosas mejoran. Además agradezco a esas motiva-
ciones verbales, a los lemas y las etiquetas que con
frecuencia aparecen en mi mente exactamente
cuando los necesito, redefiniendo mi propósito,
renovando mi paciencia, y recordándome de Dios.

Hoy recordaré

Como era antes.

Meditación del día

Yo veo una y otra vez que las personas que progresan mejor y más firmemente en el Programa son las que aceptan enseguida la ayuda de un Poder Superior a ellas mismas. Una vez que lo hacen, les resulta más simple no interferir con su propio proceso. Sus problemas parecen entonces resolverse de forma humanamente incomprensible. *¿Me doy cuenta que la eficacia con que uso el conocimiento de Dios en mi vida diaria no depende de Él, sino de mí?*

Oración

Que sepa que mi recuperación y crecimiento dependen de estar en contacto con mi Poder Superior, no sólo de vez en cuando, sino siempre. Significa recurrir a ese Poder varias veces al día para pedir la fuerza y el conocimiento de su voluntad. Cuando entienda que mi propia vida es parte de un plan superior, estaré menos propenso a tropezar y caer en la dirección equivocada, o simplemente sentarme y dejar que la vida pase delante mío.

Hoy recordaré

Estar consciente de Dios.

Meditación del día

Nosotros aprendemos en el Programa el valor de la meditación. Como se sugiere al principio del Paso Once, buscamos a través de la oración y la meditación de mejorar nuestro contacto consciente con Dios, como nosotros lo concebimos. Una de las grandes virtudes de la meditación es que limpia la mente. Y cuando la mente es más clara, estará más capaz y dispuesta a reconocer la verdad. Se requiere menos dolor para forzar un reconocimiento sincero de los defectos y sus resultados. Se revelan las necesidades reales de toda la persona. *¿Es orar y meditar una parte regular de mi diario vivir?*

Oración

Que se me revelen las verdades de Dios a través de la meditación y de estas breves oraciones, a través del contacto con mi grupo que me mantiene atento a la necesidad de limpiar mi mente con la meditación diaria. Porque sólo una mente organizada puede recibir a Dios; solamente limpia de mi egoísmo puede reconocer la verdad.

Hoy recordaré

La meditación limpia la mente.

Meditación del día

El sentimiento de autoconmiseración que todos sufrimos alguna vez, es una de las emociones más feas que podemos sentir. Ni siquiera nos agrada imaginarnos admitiendo ante los demás que estamos inundados de autoconmiseración. Nos desagrada sobremanera que nos digan que se nota, argumentamos rápidamente que estamos sintiendo *otra* emoción; llegamos al extremo de esconder que estamos atravesando un largo periodo de "sentir lástima de mí mismo". De la misma manera, en un segundo podemos encontrar fácilmente varias razones "válidas" para sentir compasión por nosotros mismos. *¿Disfruto a veces frotando sal en mis propias heridas?*

Oración

Que reconozca las emociones que estoy sintiendo por lo que son. Si soy incapaz de señalármelas a mi mismo, que pueda contar con otras personas que saben lo que es estar sobrecargado de emociones. Que permanezca en contacto con mis sentimientos siguiendo en contacto con mi Poder Superior y con las demás personas en mi grupo.

Hoy recordaré

Permanecer en contacto con mis sentimientos.

Meditación del día

Cuando recién llegamos al Programa, la variedad más común de autoconmiseración es: "¡Pobre de mí! ¿Por qué no puedo *(mencione su propia adicción)* como todos los demás? ¿Por qué yo?". Esos lamentos, si persisten, se convierten en una invitación segura a caer en el abismo, de vuelta a la confusión en que vivíamos antes de asistir al Programa. Cuando estamos en el Programa por cierto tiempo, descubrimos que no se trata de "mí" en absoluto, nos involucramos con personas de todo tipo en la misma situación. *¿Estoy perdiendo interés en mi conocida muleta de sentir lástima de mí mismo?*

Oración

Cuando la compasión por mí mismo me tenga lánguido e inerte, que pueda mirar hacia arriba y a mi alrededor para animarme. Quiera Dios que la compasión por mí mismo desaparezca a la luz de los problemas compartidos de otras personas. Que siempre tenga amigos muy sinceros que me confronten si ven que trato de volver a mi abismo antiguo de la compasión por mí mismo.

Hoy recordaré

Convertir la preocupación por mí mismo en preocupación por los demás.

Meditación del día

Una de las consecuencias más serias del síndrome de "yo primero" es que perdemos contacto con prácticamente todos a nuestro alrededor e incluso con la misma realidad. La esencia de la compasión por sí mismo es la absorción total en sí mismo, y se alimenta de sí misma. En lugar de ignorar ese estado emocional —o negar que estamos en él— necesitamos salir de nuestro ensimismamiento, detenernos y dar una mirada sincera a nosotros mismos. Una vez que reconocemos la compasión por uno mismo por lo que es, podremos nuevamente hacer algo al respecto. *¿Estoy viviendo en el problema en lugar de en la respuesta?*

Oración

Ruego que mi preocupación conmigo mismo, tan enraizada en mi ego, pueda desprenderse para que otras personas sigan el ejemplo. Que el lamento conocido y poco convincente de "yo primero", se convierta en un coro de "nosotros primero", a medida que en nuestra confraternidad desmenuzamos la preocupación por nuestros deseos y la analizamos todos juntos.

Hoy recordaré

Cambiar de "yo primero" a "nosotros primero".

Meditación del día

La autoconmiseración es uno de los defectos más despreciables y devoradores que conozco. Debido a sus exigencias interminables por atención y simpatía, la autoconmiseración interrumpe la comunicación con los demás, especialmente con mi Poder Superior. Cuando lo pienso así, me doy cuenta de que la autoconmiseración limita mi progreso espiritual. También es una forma muy real de martirio, un lujo que, simplemente, no puedo permitirme. Se me enseñó que el remedio es darme una mirada seria a mí mismo y otra más seria aún a los Doce Pasos del Programa, para lograr la recuperación. *¿Le pido a mi Poder Superior que me alivie de la esclavitud del ego?*

Oración

Que conozca por medio de la observación que las personas que sienten compasión de sí mismas no reciben mucha compasión de los demás. Nadie, ni siquiera Dios, puede satisfacer sus demandas exageradas de simpatía y compasión. Que reconozca mis propios sentimientos desagradables de autoconmiseración cuando en forma furtiva tratan de robarme mi serenidad. Que Dios me haga precavido de su carácter furtivo.

Hoy recordaré

Mi ego es mi carcelero.

Meditación del día

Cuando comience a comparar mi vida con las vidas de los demás, comenzaré a acercarme al borde del pantano tenebroso de la autoconmiseración. Por otro lado, si creo que lo que hago es bueno y correcto, no dependeré tanto de la admiración ni de la aprobación de los demás. La aprobación está bien y es buena, pero no es esencial para mi satisfacción interna. Yo estoy en el Programa para desprenderme de la autoconmiseración, no para aumentar su poder de destruirme. *¿Estoy aprendiendo cómo otras personas han lidiado con sus problemas para aplicar esas lecciones a mi propia vida?*

Oración

Dios, otórgame la cualidad de estar siempre atento al punto de dónde vengo y de las nuevas metas que se me ha motivado a fijar. Que deje de buscar la aprobación de la gente, dado que soy capaz de admirarme o elogiarme a mí mismo si siento que lo merezco. Ayúdame a ser más atractivo en mi interior para que se manifieste, en lugar de adornar mi exterior para tener una buena apariencia. Estoy cansado de fingir lo que no soy, Dios, ayúdame a ser como soy realmente.

Hoy recordaré

¿Alguien ha visto a mi verdadero YO?

Meditación del día

Los Doce Pasos se diseñaron específicamente para las personas como nosotros para que fueran un camino más corto a Dios. Los Doce Pasos son como un medicamento potente que nos puede sanar de la enfermedad de la desesperación, la frustración y la autoconmiseración. Aún así, a veces no estamos dispuestos a usar los Doce Pasos. ¿Por qué? Quizás porque tenemos un profundo deseo de ser mártires. Pensamos en forma consciente e intelectual que deseamos ayuda a un nivel muy íntimo, aunque, por alguna oculta sensación de culpa deseamos más el castigo que el alivio de nuestros infortunios. *¿Puedo sentirme alegre cuando todo parece arrastrarme a la desesperación? ¿Comprendo que la desesperación es a menudo una máscara para sentir autoconmiseración?*

Oración

Que pueda arrancar de mí la culpa secreta que me hace querer castigarme. Que pueda sondear mi desesperación y descubrir si realmente la autoconmiseración es una impostora enmascarada. Sabiendo ahora que los Doce Pasos pueden aliviarme, que los pueda usar en lugar de hundirme en mis aflicciones.

Hoy recordaré

Los Doce Pasos son la escalera para llegar a Dios.

Meditación del día

Una de las mejores formas de salir de la trampa de la autoconmiseración es hacer un ajuste inmediato del "libro de cuentas". Por cada asiento de desdicha en la columna del Debe de nuestro libro mayor, podemos agregar una bendición en la columna del Haber: la salud que disfrutamos, las enfermedades que *no* tenemos, los amigos que nos aman y aquellos que nos permiten amarlos, un día entero limpio y sobrio, un buen día de trabajo. Si lo intentáramos, lo que podríamos ingresar en la columna del Haber superaría con creces los asientos en la columna de Debe que nos causan autoconmiseración. *¿Está mi equilibrio emocional en la columna del Haber hoy?*

Oración

Que aprenda a ordenar mi Debe y Haber, y a sumarlo todo. Que pueda ingresar mis bendiciones en la columna del Haber. Que mi libreta de ahorros me muestre, cuando haya sumado todo, un capital abundante de buenas cosas a retirar.

Hoy recordaré

Obtengo bendiciones en mis ahorros.

Meditación del día

Entre las cosas importantes que aprendemos en el Programa es ser bueno con nosotros mismos. Sin embargo, para muchos, esto es algo sorprendentemente difícil de hacer. A algunos de noostros nos agrada tanto el sufrimiento que exageramos enormemente cada acontecimiento cuando lo recordamos y se lo contamos a los demás. A las personas con autoconmiseración les atrae el martirio como si fuera un imán potente, hasta que la dicha de la serenidad y de la satisfacción viene a ellos a través del Programa y los Doce Pasos. *¿Estoy aprendiendo gradualmente a ser bueno conmigo mismo?*

Oración

Que aprenda a perdonarme. He pedido y recibido el perdón de Dios y de los demás, por lo tanto ¿por qué es tan difícil perdonarme a mí mismo? ¿Por qué sigo amplificando mi sufrimiento? ¿Por qué sigo lamiendo mis heridas emocionales? Que pueda seguir el ejemplo de Dios para perdonar, ser aplicado en el Programa y aprender a ser bueno conmigo mismo.

Hoy recordaré

Martirio; el mártir ridículo.

Meditación del día

A veces a través de una experiencia amarga y lecciones dolorosas, aprendemos, en nuestro compañerismo con otras personas en el Programa, que el resentimiento es nuestro enemigo número uno. Puede destruirnos más que cualquier otra cosa. Del resentimiento surgen todas las formas de la enfermedad espiritual, dado que no sólo hemos estado enfermos mental y físicamente, sino también *espiritualmente*. A medida que nos recuperamos y sana nuestra enfermedad espiritual, mejoramos física y mentalmente. *¿Soy consciente de que pocas cosas son tan amargas como para sentirme amargado? ¿Veo que el veneno es más virulento para mí que para mi víctima?*

Oración

Pido ayuda para deshacer mi montaña de resentimientos acumulados. Que aprenda que los resentimientos son como actores representando roles, como el miedo de perder un trabajo, un amor, una oportunidad; también pueden ser sufrimientos o sentimientos de culpabilidad. Que esté consciente que Dios es mi sanador. Que admita mi necesidad de sanar.

Hoy recordaré

Los resentimientos son desperdicios; deséchalos.

Meditación del día

¿Qué podemos hacer con nuestros resentimientos? La experiencia provechosa de la gente ha demostrado que lo mejor que se puede hacer es escribirlos, mencionando las personas, instituciones o principios con los que estamos enfadados o resentidos. Al escribir mis resentimientos y después preguntarme por qué estoy resentido, he descubierto que en la mayoría de los casos mi autoestima, mis finanzas, mis ambiciones o mis relaciones personales se han visto perjudicadas o amenazadas *¿Alguna vez aprenderé que lo más dañino de mis resentimientos son los interminables ensayos de actos de venganza?*

Oración

Que Dios me ayude a encontrar la forma de librarme de mis resentimientos. Que ya no ocupe mi tiempo representando pequeños dramas en los que protagonizo a una persona llena de ira, gritando para callar a otra persona que me amenazó. Dado que esas obras dramáticas nunca se ponen en escena, que pueda hacer una lista de mis sentimientos de resentimiento y examinar la razón de ellos. Que esto me sirva para abandonarlos.

Hoy recordaré

Los resentimientos causan la violencia: los resentimientos enferman a las personas no violentas.

Meditación del día

Como un alcohólico en recuperación, tengo que recordarme a mí mismo que la aceptación social de los resentimientos no les quita su poder venenoso. De cierta forma, el problema del resentimiento se parece mucho al problema de beber. El alcohol nunca es seguro para mí, no importa quien lo ofrezca. Yo he estado en recepciones por causas meritorias, a menudo, en un entorno social donde beber parecía ser inofensivo. *Así como con amabilidad y firmeza rehúso beber alcohol en cualquier situación, ¿me negaré también a aceptar resentimientos, no importa quien los sirva?*

Oración

Cuando emociones como el enojo, el agravio, el temor o la culpa, entran por la puerta lateral, muy cortésmente, como si estuvieran en una fiesta y disfrazadas de resentimiento para ser aceptados socialmente, que no me codee con ellos. Estas emociones disfrazadas pueden estar tan llenas de engaño como las mismas sustancias químicas.

Hoy recordaré

Estar alerta a la puerta lateral.

Meditación del día

En numerosas ocasiones yo constaté que existe una conexión fuerte entre mis temores y mis resentimientos. Por ejemplo, si temo en secreto que soy deficiente, tendré la tendencia a resentir profundamente a alguien cuyas acciones o palabras pongan de manifiesto mi imaginada insuficiencia. A veces es muy doloroso admitir que los temores y dudas de mí mismo son la causa de mis resentimientos. Es mucho más fácil acusar a otra persona de "mala conducta" o "motivos egoístas" para justificar mi resentimiento. *¿Comprendo que si estoy resentido con alguien, yo permito que esa persona habite gratis en mi mente?*

Oración

Que Dios me ayude a superar mis sentimientos de insuficiencia. Que sepa que cuando constantemente me considero a un escalón o dos por debajo de otra persona, no estoy dando el debido reconocimiento a mi Creador que ha otorgado a cada uno de nosotros una combinación especial y valiosa de talentos. De hecho, estoy quejándome del Plan Divino de Dios. Que busque detrás de mi montaña de resentimientos para encontrar la desconfianza de mí mismo.

Hoy recordaré

A medida que tengo una mejor opinión de mí mismo, voy derribando mis resentimientos.

Meditación del día

La mayor parte de la vida, hemos sido nuestros peores enemigos, y con frecuencia nos hemos perjudicado seriamente por un resentimiento "justificado" a causa de una ofensa leve. Sin lugar a dudas existen muchas causas de resentimientos en el mundo, todas ofreciendo "justificación". Pero nosotros nunca podremos resolver los agravios del mundo, ni siquiera aún arreglar las cosas para poder agradar a todos. Si las personas o la vida misma nos han tratado injustamente, nosotros podemos evitar aumentar la dificultad, perdonando completamente a las personas involucradas y abandonando el hábito destructivo de reexaminar nuestros dolores y humillaciones. *¿Puedo creer que el dolor de ayer es la comprensión de hoy, entretejido con el amor de mañana?*

Oración

Si me tratan injustamente o así lo pienso, que no trate de ser una persona resentida, abochornada por mis agravios pasados. Una vez que haya reconocido la raíz de mi resentimiento, que pueda ser magnánimo como para perdonar a la persona implicada y lo suficientemente sabio como para olvidarme del asunto.

Hoy recordaré

No todas las injusticias pueden remediarse.

Meditación del día

Cuando me estanco en cosas insignificantes que me incomodan —generando resentimientos que crecen como cizañas— me olvido de cómo ampliar mi mundo y de ensanchar mi perspectiva. Para mí, ésa es una manera ideal de reducir los problemas a su tamaño real. Cuando alguien o algo me está causando un problema, debo intentar ver la situación en relación al resto de mi vida, sobre todo la parte que es buena y por la cual debo estar agradecido. *¿Estoy dispuesto a desperdiciar mi vida preocupándome por naderías que agotan mi energía espiritual?*

Oración

Que Dios me guarde de preocuparme indebidamente por cosas pequeñas. Que pueda Él, en cambio, abrir mis ojos a la grandeza de su universo y las perennes maravillas de su tierra. Que Él me conceda una forma amplia de pensar para reducir cualquier preocupación pequeña e irritable mía al tamaño de una mosca en un ventanal de catedral.

Hoy recordaré

Las irritaciones diminutas pueden estropear mi visión.

Meditación del día

"Las mentes calmas no pueden ser confundidas ni asustadas", escribió Robert Louis Stevenson, "sino que van en la buena suerte o en el desastre a su propio paso, como un reloj durante una tormenta". En el Programa, nosotros oímos muchas advertencias de no albergar resentimientos, y no es raro ver a una persona que, de vez en cuando, siente resentimiento cuando cree que ha sido agraviada. Debemos recordar que no hay lugar para el resentimiento en nuestro nuevo estilo de vida. En lugar de agotarme luchando contra el resentimiento con determinación inflexible, que pueda hacerlo desaparecer descubriendo su causa con una mente calma. *¿Trataré de creer que el mejor antídoto para el resentimiento es la expresión continua de gratitud?*

Oración

Alabado sea Dios de quien emanan todas las bendiciones. Alabado sea Dios por nuestra sensibilidad humana, que a pesar de sentir la más pequeña punzada de dolor, también puede sentir la calidez de una sonrisa. Alabado sea Dios por nuestra visión humana que desprende las envolturas de nuestros resentimientos y los expone por lo que son realmente.

Hoy recordaré

Yo agradezco por los sentimientos.

Meditación del día

El Cuarto Paso del Programa sugiere que hagamos una búsqueda e inventario firme de nosotros mismos. Para algunos de nosotros ningún otro desafío parece más formidable; no hay nada más difícil que confrontarnos como somos realmente. Huimos de las maldades cuando nos alcanzan, fabricando excusas, suplicando siempre que nuestras virtudes en otros aspectos pesan mucho más que nuestras faltas. Una vez que estemos dispuestos a hacer un examen riguroso de conciencia, podremos entonces iluminar el lado oscuro y negativo de nuestras naturaleza con una nueva visión, acción y gracia. *¿Estoy dispuesto a abrir mis ojos y pararme a la luz del sol?*

Oración

Que mi Poder Superior me detenga si estoy escapando de mí mismo. Porque nunca superaré mis errores, o las fallas en mi carácter que los causaron, dejando que me persigan. Que pueda aminorar la marcha y los enfrente con el arma más confiable que conozco —la verdad.

Hoy recordaré

No seré un fugitivo de mí mismo.

Meditación del día

El Cuarto Paso me permite verme a mí mismo como soy realmente, con mis cualidades, motivos, actitudes y acciones. Se me enseñó en el Programa a buscar resueltamente mis errores. ¿Cuándo, por ejemplo, he sido egoísta, deshonesto, y me he sentido aterrorizado? También se me enseñó, que mi hábito profundamente arraigado de autojustificación, puede tentarme a "explicar" cada una de las faltas al exponerlas, culpando a los demás de mis propias limitaciones. *¿Creeré que la honestidad personal puede lograr, a menudo, lo que el conocimiento superior no puede lograr?*

Oración

Que no haga que el Cuarto Paso sea una práctica en autoevaluación, hecha a la ligera. Que sepa que una vez que lo dé, debo repasarlo muchas veces hasta que se vuelva, junto con los otros once pasos restantes, un estilo de vida para mí. Que pueda proteger el valor del Cuarto Paso contra mi antiguo hábito de autosatisfacción y de transferir tercamente mi responsabilidad.

Hoy recordaré

La honestidad personal prepara el camino de la recuperación.

Meditación del día

Se dice a menudo que no se puede juzgar un libro por su portada solamente. A muchos de nosotros no nos parecía tan mala nuestra "portada" o "archivos superficiales" al principio parecía que hacer un inventario sería muy sencillo. Cuando comenzamos, nos desalentamos al descubrir que nuestras "portadas" no tenían defectos sólo porque los habíamos escondido bajo varias capas de autoengaño. Por esa razón, el examen de conciencia puede ser un proceso largo, debe continuar mientras estemos ciegos a las faltas que nos emboscaron para hundirnos en la adicción y el infortunio. *¿Trataré de confrontarme a mí mismo como soy, corrigiendo todo aquello que me impide crecer para llegar a ser la persona que deseo ser?*

Oración

Que Dios me ayude en mi examen de conciencia, dado que escondí mis faltas celosamente de mis amigos, familiares y sobre todo de mí mismo. Si siento que me han hecho más daño a mí de lo que yo he perjudicado a los demás, que lo considere como una señal de que debo excavar más profundamente para encontrar a mi verdadero yo.

Hoy recordaré

Hacer un inventario de mí mismo es como comprar acciones en mi propio futuro.

Meditación del día

No siempre se usa tinta roja para hacer un inventario. Es muy excepcional el no haber hecho algo bien. A medida que destapo y enfrento mis defectos, se me revelarán muchas de mis buenas cualidades, recordándome que tienen la misma realidad que mis imperfecciones. Por ejemplo, cuando hemos hecho un esfuerzo y fallado, podemos marcar eso como uno de los mejores méritos. Trataré de apreciar mis buenas cualidades dado que no sólo compensan por mis imperfecciones, sino que además me dan la base para crecer. Es muy engañoso no tener en cuenta lo bueno en nosotros para justificar lo que no lo es. *¿Puedo consolarme en mis cualidades positivas, aceptándome a mí mismo como a un amigo?*

Oración

Si cuando miro en el espejo del Cuarto Paso sólo encuentro defectos que pueda estar seguro de que me está faltando algo, ese algo son mis valores positivos. Aún si mi modestia exagerada recibe la aprobación de la sociedad, que sepa que es tan deshonesto como tratar de justificar mis faltas con racionalizaciones. Incluso un fracaso total, si se le examina de todos los lados, puede convertirse en una ventaja junto con las obvias desventajas.

Hoy recordaré

Otorgarme una nota, por lo menos, medianamente buena por el esfuerzo hecho.

Meditación del día

El Cuarto Paso sugiere que hagamos un inventario *moral* escrutador y sin temores —no un inventario *inmoral* de nosotros mismos. Los Pasos son pautas para la recuperación, no razones para la auto-flagelación. Hacer mi inventario no significa concentrarme en mis defectos hasta ocultar todo lo bueno. De igual manera, reconocer lo bueno no debe ser un acto de orgullo o vanidad. Si reconozco que Dios me dio mis buenas cualidades, que pueda hacer un inventario con verdadera humildad y al mismo tiempo sentir satisfacción en lo que es agradable, afectuoso y generoso en mí. *¿Trataré de creer, como dijo Walt Whitman, que "soy más grande y mejor de lo que pensaba, no sabía que tenía tanta bondad en mí...?*

Oración

Cuando encuentre cosas buenas en mí, cuando emprenda esta excavación arqueológica interna, que pueda dar el reconocimiento debido a Dios, que otorga todo lo bueno. Que pueda apreciar con humildad todo lo bueno en mí como si fuera un regalo de Dios.

Hoy recordaré

La bondad es un regalo de Dios.

Meditación del día

El autoengaño estaba intricadamente tejido en todos nuestros pensamientos y acciones como personas adictas. Nos hicimos expertos en autoconvencernos, cuando era necesario, que negro era blanco, que malo era bueno, e incluso que la noche era día. Ahora que estamos en el Programa se desvanece nuestra necesidad de autoengaño. Si me he estado engañando recientemente, mi padrino puede reconocerlo inmediatamente. Y a medida que esta persona me aleja hábilmente de mis fantasías, yo encuentro que es menos probable que me defienda contra la realidad y las verdades desagradables sobre mí mismo. Gradualmente, mi orgullo, miedo e ignorancia están perdiendo su poder destructivo. *¿Creo firmemente que una sola autoevaluación solitaria no sería suficiente?*

Oración

Que entienda que no sólo debo mirar a mi Poder Superior, debo confiar además en mis compañeros de grupo en este paso de la autoevaluación. Nosotros nos parecemos en nuestros engaños y fantasías, y con estos espejos, producimos una profundidad de perspectiva a la que nosotros nunca podríamos llegar solos.

Hoy recordaré

Para verme como soy enteramente, necesito un espejo con tres reflexiones: Dios, mis amigos y yo.

Meditación del día

A veces, los recién llegados preguntan "¿Cómo trabaja el Programa?". Las dos respuestas que oigo a menudo son "muy bien" y "lentamente". Yo respeto ambas respuestas, aunque al principio puedan sonar jocosas, porque mi autoanálisis tiende a ser defectuoso. A veces no he compartido mis defectos con las personas correctas; otras veces, he confesado los suyos en lugar de los míos; y en otros momentos, compartir mis defectos ha sido como quejas chillonas sobre mis problemas. El hecho es que a ninguno de nosotros le gusta el examen de conciencia, demoler nuestro orgullo, y confesar las imperfecciones que exigen los Doce Pasos. Eventualmente, vemos que el Programa funciona realmente. *¿He recogido el juego simple de herramientas espirituales que está a mi alcance?*

Oración

Que Dios me guarde de relatar mis defectos comparándolos con los de otra persona. Nosotros somos, por naturaleza, relativistas y comparadores que piensan en términos de "peor que ...", "en realidad, no tan malo como...", o "mejor que…" Que sepa que mis faltas son eso, faltas, no que son "mejores que..." las de los demás.

Hoy recordaré

Malo es malo, incluso cuando sea "mejor que".

Meditación del día

Los Doce Pasos del Programa nos piden que
vayamos en contra de nuestras inclinaciones y deseos
naturales: pinchan, aprietan, y finalmente desinflan
nuestros egos. Cuando se trata de desinflar el ego,
pocos pasos son más difíciles de tomar que el Quinto
Paso que sugiere que "admitamos a Dios, a nosotros
mismos, y a otro ser humano la naturaleza exacta de
nuestros males". Sí, es verdad, muy pocos pasos son
tan duros de tomar, pero ningún otro es más necesario
para la libertad y la tranquilidad mental a largo plazo.
*¿He dejado de vivir solo con los fantasmas atormen-
tadores del pasado?*

Oración

Que Dios me dé fuerza para enfrentar ese desinflador
del ego que es el Quinto Paso. Que no dude de llamar
a un oyente de confianza del Quinto Paso, preparar
una reunión y compartir. Al aceptar la responsabilidad de mi comportamiento y luego compartir el
relato de mi comportamiento con Dios y entre nosotros,
estoy realmente desahogando mi conciencia.

Hoy recordaré

Mi dolor en el Quinto Paso es también mi liberación.

Meditación del día

Después de hacer un inventario, determinando y admitiendo la naturaleza exacta de nuestros males, estaremos "completamente listos", como sugiere el Sexto Paso, "para que Dios quite todos estos defectos de nuestro carácter". Claro, es fácil sentirse así y estar "completamente listo" al día siguiente, pero sabemos que en esos momentos desesperados nuestros motivos pueden ser remordimientos en lugar de arrepentimiento, más inducido por el dolor de cabeza que por un corazón arrepentido. Cuanto más nos alejamos de nuestros excesos durante la adicción, menos graves parecen nuestras faltas, más inocentes, y posiblemente aún más atractivas. *¿Estoy listo entonces para que "Dios quite mis defectos de carácter"?*

Oración

Que pueda estar "completamente listo" para que Dios quite mis defectos de carácter. Que esas palabras "completamente listo" reafirmen mi determinación en caso que se desvaneciera con el tiempo y la sobriedad. Que Dios sea mi fortaleza, dado que yo solo no puedo borrar mis faltas.

Hoy recordaré

Estoy "completamente listo".

Meditación del día

En el pasado, orábamos con frecuencia por "cosas", por circunstancias favorables, o por otros miles de pedidos muy egoístas. Aprendí cn el Programa que la oración real empieza —no termina— pidiendo a Dios que me *cambie*. De hecho, eso es exactamente lo que sugiere el Séptimo Paso: *Pedir a Él con humildad que quite nuestros defectos*. Nosotros pedimos ayuda a Dios a través de su gracia, y lo asombroso es que la oración recibe respuesta, si verdaderamente lo deseamos. Nuestra propia voluntad es una tan parte necesaria del resultado que parece casi como si lo hubiéramos hecho solos. Pero la ayuda de Dios es imprescindible; sin Él, no hubiéramos podido hacerlo solos. *¿Le he pedido a Dios que me ayude a cambiar?*

Oración

Que aprenda a orar en forma general, que se haga la voluntad de Dios, y que Él quite mis faltas. No hay necesidad de especificar las faltas: Dios que todo lo sabe, ya las conoce. Que aprenda que los detalles no son necesarios al orar. Todo lo que importa es mi humildad y mi fe en que Dios, de hecho, tiene el Poder de cambiar mi vida.

Hoy recordaré

Pido a Dios que me cambie.

Meditación del día

Una vez, oí a alguien decir en el Programa, "Graba la idea en la conciencia de cada hombre para que pueda mejorar, sin importar quien sea. La única condición es que confíe en Dios y reforme su vida". Esto es lo que Séptimo Paso significa para mí, que voy a reformar mi vida y que tendré toda la ayuda que necesite. *¿Comprendo que al hacer el Séptimo Paso no estoy renunciando realmente a nada, sino librándome de todo lo que podría llevarme a mi adicción y alejarme de la tranquilidad mental?*

Oración

Que reconozca que si abandonara esa palabra clave "humildemente," que combina todo en uno —mi humildad, mi asombro, mi fe, estaría cargando una vez más demasiado peso sobre mis hombros y presumiendo que el Poder Superior es mío. Que Dios, en su sabiduría, me dé su voluntad, poder y bondad. A medida que Él me colma de esos dones divinos, no habrá mucho espacio en mí para defectos amenazantes.

Hoy recordaré

Confiar en Dios y limpiar mi interior.

Meditación del día

Algunos de nosotros, después de haber dado los Pasos Cuarto, Quinto y Sexto, y luego el Séptimo, nos relajamos y sencillamente *esperamos* que el Poder Superior nos quite nuestras faltas. Las enseñanzas del Programa nos recuerdan la historia de San Francisco trabajando en un hermoso jardín. Un caminante le dijo, "Debes haber orado mucho para que estas plantas crecieran tan bonitas". El buen santo contestó, "Sí, lo hice, pero cada vez que empecé a orar, empuñaba una azada". Tan pronto como nuestro "esperar" cambia a "cavar", la promesa del Séptimo Paso comienza a hacerse realidad. *¿Espero que mi Poder Superior lo haga todo?*

Oración

Que no ore y espere que mi Poder Superior haga todo. En cambio, que ore cuando tome las herramientas que me brinda el Programa. Ahora, te pido tu guía para usar mejor estas herramientas tan preciadas.

Hoy recordaré

Orar y actuar.

Meditación del día

Si no estamos libres de la adicción, no tenemos nada. No podemos estar libres de nuestras obsesiones adictivas hasta estar dispuestos a lidiar con los defectos de carácter que nos han doblegado. Si nos negamos a trabajar en nuestros defectos evidentes, es casi seguro que volveremos a nuestra adicción. Si no permanecemos limpios y sobrios con un mínimo de automejora, es posible que nos quedemos por cierto tiempo en un estado de "limbo", cómodo pero peligroso. Si continuamos trabajando los Doce Pasos, esforzándonos para tener la pureza de espíritu y acción, con seguridad, encontraremos la libertad verdadera y perdurable a los ojos de Dios. *¿Estoy caminando con la confianza que estoy finalmente en el camino correcto?*

Oración

Que Dios me muestre que la libertad de la adicción es un estado inseguro a menos que también pueda librarme de mis compulsiones. Que Dios me mantenga alejado de estar en el Programa sin mucho convencimiento, y me haga saber que no puedo ser íntegro espiritualmente si sigo atormentado por mi propia deshonestidad y egoísmo.

Hoy recordaré

Sin entusiasmo, no puedo ser íntegro.

Meditación del día

Todos nosotros queremos ser liberados de nuestras faltas más obvias y destructivas. Nadie quiere ser codicioso al punto que lo tilden de ladrón. Nadie quiere enfadarse al punto de querer matar, tan lujurioso como para violar, tan glotón como para enfermarse. Nadie quiere agonizar de envidia o sentirse paralizado por obrar con dilación. Por supuesto, pocos de nosotros padecemos estos defectos a los niveles más terribles. No es que no sea razón para felicitarnos; es posible que el autointerés puro nos haya hecho escapar de tales extremos. No implica mucho esfuerzo espiritual evitar los excesos que traen aparejados un castigo severo. *Cuando enfrente los aspectos menos violentos y mortales de los mismos defectos, ¿en qué posición estoy?*

Oración

Que no me felicite a mí mismo por no cometer un crimen o una violación, por no golpear a un rival, por no robar una tienda ni robar a los más desafortunados. Que humildemente pueda entender que esas son simplemente manifestaciones más violentas de fallas humanas que albergo en mí. Que Dios me dé la perseverancia para cambiarlas desde adentro, en lugar de simplemente atenuar la forma en que las practico a la vista de todos.

Hoy recordaré

Cambiar primero internamente.

Meditación del día

Al dar una mirada seria a esos defectos que no estoy dispuesto o soy renuente a dejar, debo borrar las líneas rígidas que he dibujado. Quizás, en algunos casos, podré entonces *decir,* "Bien, esto es algo que no puedo corregir *todavía*". Lo que no debo decir es: "*Nunca* corregiré este defecto". En el preciso momento que digamos, "No, nunca", nuestras mentes se cierran a la gracia de Dios. Esa tozudez, como hemos visto en las experiencias de los demás, puede resultar fatal. En cambio, debemos abandonar objetivos limitados y empezar a acercarnos a la voluntad de Dios para nosotros. *¿Estoy aprendiendo a jamás decir "nunca"?*

Oración

Que Dios quite todo foco de rebeldía que me impida cambiar mis características indeseables. Salido de mi engaño de ser "único" y "especial" y de cierta manera a salvo de las consecuencias, confieso a Dios que he desafiado las leyes naturales de la salud y la sanidad, junto con las leyes Divinas de la bondad humana. Que Dios haga desaparecer esa rebeldía que es el síntoma protegido de mi adicción.

Hoy recordaré

La rebeldía es la hija del engaño.

Meditación del día

"La oración no cambia a Dios", escribió Soren Kierkegaard, "pero cambia al que ora". Aquéllos que en el Programa aprendimos a hacer uso regular de la oración, no podríamos vivir sin ella como, por la misma razón, no podríamos vivir si cubriéramos el sol, cortáramos el aire fresco o el alimento. Así como el cuerpo puede marchitar y fallar por falta de alimento, también el alma puede fallar. Todos nosotros necesitamos la luz de la realidad de Dios, el alimento de Su fuerza y la esencia de su gracia. *¿Doy gracias a Dios por todo lo me ha dado, por todo lo que me ha quitado y por todo lo que me ha dejado?*

Oración

Estimado Poder Superior: Quiero agradecerte por haber sembrado calma en mi confusión, por hacer que las cuerdas flojas de mis relaciones humanas se armonicen nuevamente, por armar las piezas de mi rompecabezas, por darme la sobriedad presente, y por un mundo expansivo de maravillas y oportunidades. Que pueda permanecer siendo realmente tuyo. Atentamente.

Hoy recordaré

Una simple oración alimenta el alma.

Meditación del día

La oración puede tener muchas recompensas. Una de las mejores recompensas es el sentido de pertenecer que me brinda. Ya no vivo como un forastero en un país extranjero, un forastero en un mundo completamente hostil. Ya no me siento perdido, asustado y sin rumbo. Encontramos en el Programa que, en el momento en que vislumbramos la voluntad de Dios, en el momento que empezamos a ver que la verdad, la justicia, y el amor son cosas reales y eternas en la vida, ya no nos sentimos tan inquietos por todas las pruebas aparentes de lo contrario, que nos implican en asuntos completamente humanos. *¿Creo que el amor de Dios me protege?*

Oración

Que agradezca el consuelo y la paz de pertenecer a Dios, el padre infinitamente sabio, y a su familia en este mundo. Que ya no necesite letreros en los paragolpes o gente bulliciosa para darme mi identidad. Yo pertenezco a Dios por medio de la oración.

Hoy recordaré

Encuentro mi identidad a través de la oración.

Meditación del día

Hoy empezaré con una oración en mi corazón, en mi mente, y con palabras en mis labios. Hoy estaré conectado con Dios, a través de la oración, tratando de ser lo que aspiro ser. La oración dará una nueva dirección a mi mente, ayudándome a elevar mi conciencia al punto de hacerme ver que no existe separación entre Dios y yo. A medida que permita que el poder de Dios circule a través mío, desaparecerán todas las limitaciones. *¿Sé que nada puede superar el poder de Dios?*

Oración

Que pueda hoy ofrecer a mi Poder Superior una oración constante, no sólo una oración matinal. Que piense en mi Poder Superior durante los descansos para tomar café, el almuerzo, la merienda, en una tarde serena, y en todo momento. Que mi conciencia se expanda y borre las líneas de separación, para que el Poder Superior sea parte de mí y yo sea parte del él.

Hoy recordaré

Estar bajo el efecto de la oración todo el día.

Meditación del día

De vez en cuando, empiezo a pensar que la voluntad de Dios es para otras personas. Me digo, "esta persona debe ser curada de su enfermedad terminal", o "esa persona debe ser liberada del tormento que sufre", y empiezo a orar por esas cosas específicas. Mi corazón está en el lugar correcto cuando oro de tal manera, pero esas oraciones están basadas en la suposición de que conozco la voluntad de Dios para la persona por la cual oro. Por el contrario, el Programa me enseña que debo rogar que la voluntad de Dios —sea cual fuere— se cumpla para los demás como para mí. *¿Recordaré que Dios está listo a favorecerme, pero sólo en la medida en que yo confíe en Él?*

Oración

Yo alabo a Dios por la oportunidad de ayudar a otras personas. También agradezco a Dios por hacer que desee ayudar a los demás, por sacarme de la torre de mi ego para conocer y compartir, y preocuparme de la gente. Enséñame a orar que "Hágase tu voluntad" en el espíritu de amor que Dios inspira en mí.

Hoy recordaré

Yo deposito mi confianza en la voluntad de Dios.

Meditación del día

Basado en su experiencia en común, los fundadores del Programa sugirieron usar una oración al hacer el Tercer Paso —y *tomar la decisión de entregar nuestra voluntad y nuestras vidas al cuidado de Dios, como lo concebimos.* "Dios, me ofrezco a ti, para que me mejores y hagas conmigo tu voluntad. Líbrame de la esclavitud del ego, para cumplir mejor tu voluntad. Aleja mis dificultades, que la victoria sobre ellas sirva de incentivo para las personas a las que pueda ayudar con tu poder, tu amor y tu forma de ser. ¡Que pueda hacer siempre tu voluntad!" *¿Me he entregado a Dios como yo lo concibo?*

Oración

Yo alabo a mi Poder Superior por la libertad de encontrar mi propio entendimiento de quién es Dios. Que mi vida sea de Dios, ya sea que piense en Él como un padre cuya mano y espíritu puedo tocar alzando mis manos, o como un Espíritu universal en el que me puedo amalgamar a medida que los contornos firmes de mí mismo comienzan a consolidarse, o como un centro de bondad divina y absoluta dentro de mí. Que lo conozca bien, tanto se encuentre dentro o fuera de mí, o en todas las cosas y en todas partes.

Hoy recordaré

Doy gracias a Dios, como yo lo concibo, por comprenderlo mejor.

Meditación del día

Al despertarme por la mañana, pensaré calladamente sobre las veinticuatro horas que me esperan. Pediré a Dios que dirija mi pensamiento, sobre todo pidiéndole que me libre de la autoconmiseración y de la deshonestidad, o de razones egoístas. Si tengo que decidir el curso a tomar entre los muchos que se me ofrecen, le pediré a Dios la inspiración de un pensamiento intuitivo, o tomar una decisión. Luego me relajaré y lo tomaré con calma, en la seguridad de que todo irá bien. *¿Puedo creer que cuando renuncio a mi "derecho" de tener expectativas, conoceré la libertad?*

Oración

Alabo a Dios por la virtud de poder alabarle, de poder escoger los momentos en que iré en su busca, de encontrar mis propias palabras al hablar con Él, y de dirigirme a Él de la forma más adecuada para mí. Que espere que Él a su vez, no tome en cuenta mis expectativas, y que influya en mi vida como Él lo crea conveniente.

Hoy recordaré

¿Quién soy yo para decir a Dios qué debe hacer?

Meditación del día

A veces, cuando los amigos dentro y fuera del Programa nos comentan lo bien que vamos, sabemos en nuestro interior que en realidad no nos va tan bien. Todavía tenemos problemas para lidiar con la vida y enfrentar la realidad de acuerdo a sus condiciones. En esos momentos sospechamos que debe haber una falla seria en nuestra práctica y desarrollo espiritual. Es muy probable que nuestros problemas se encuentren en la mala comprensión o negligencia del Paso Once —la plegaria, la meditación y la guía de Dios. Los otros Pasos pueden mantener a la mayoría de nosotros limpios, sobrios, libres de adicciones y funcionando. El Paso Once puede hacer que sigamos creciendo, con la condición de que nos esforcemos mucho y lo practiquemos continuamente. *¿Confío en Dios infinito en lugar de mi ego limitado?*

Oración

Ruego profundizar mi conocimiento del espíritu, con una fe más poderosa en lo invisible, para una comunión más íntima con Dios. Que comprenda que mi crecimiento en el Programa depende de mi desarrollo espiritual. Que pueda entregar más de mi confianza a la sabiduría eterna de Dios.

Hoy recordaré

No cederé ni me rendiré, sino que me entregaré al poder de Dios.

Meditación del día

Aún cuando oré en varios momentos de mi vida, me di cuenta, después de estar varios meses en el Programa, que nunca había orado debidamente. Traté siempre de hacer tratos con Dios, como un ateo en la trinchera; siempre suplicando: "Concédeme mis deseos", en lugar de "que se haga tu voluntad, no la mía", El resultado era que me engañaba a mí mismo y por lo tanto era incapaz de recibir la suficiente gracia de Dios para volverme sensato. *¿Veo que en el pasado, cuándo oraba a Dios, normalmente preguntaba si el resultado de dos más dos no era cuatro?*

Oración

Que mire mi pasado y repase cómo oraba antes, por soluciones específicas que yo, desde mi ventajosa posición terrenal, pensaba que eran mejores. Que cuestione, con una perspectiva a largo plazo, si esas soluciones fueron correctas, si Dios hubiera decidido hacer las cosas a mi manera. Que, en retrospectiva, pueda ver que mis súplicas no siempre fueron inteligentes. Que pueda estar contento por confiar en Dios.

Hoy recordaré

Dios puede no hacer las cosas a mi manera.

Meditación del día

Nos dicen a menudo que los alcohólicos y otras personas con adicciones son perfeccionistas, impacientes ante todo defecto —sobre todo los nuestros. Nosotros tenemos la tendencia a fijarnos metas imposibles, luchando ferozmente para lograr nuestros ideales inalcanzables. Por supuesto —dado que no existe una persona capaz de cumplir con las normas sumamente altas que nos exigíamos— no lográbamos nuestros objetivos. El desaliento y la depresión se asentaban; nos castigábamos con enojo por ser menos que superhumanos. En la siguiente oportunidad en lugar de fijar metas más realistas, nos proponíamos algo aún más difícil. Y al fallar nuevamente el castigo que nos imponíamos era cada vez más severo. *¿No es hora de que deje de fijarme metas inalcanzables?*

Oración

Que Dios modere la imagen que tengo de mí como superhumano. Que me conforme con algo menos que la perfección tanto en mí mismo, como en los demás. Sólo Dios es perfecto, y yo estoy limitado por ser un humano.

Hoy recordaré

No soy Dios; soy sólo humano.

Meditación del día

"Durante la depresión aguda", escribió Bill W. el cofundador de AA, "evita tratar de organizar toda tu vida de una vez. Si tomas responsabilidades muy pesadas, que con seguridad no podrás cumplir en ese momento, te estarás dejando engañar por tu inconsciente. Por lo tanto, continuarás asegurando el fracaso y cuando éste llegue, tendrás otra excusa para retroceder aún más en tu depresión. En breve, la actitud de todo o nada es muy destructiva. Es mejor empezar con las actividades mínimas indivisibles. Luego, esforzarse para ampliarlas, día a día". *¿Estaré dispuesto a recomenzar cuando me sienta descorazonado por los reveses en mi vida?*

Oración

Cuando me sienta inmovilizado por la depresión, que pueda fijar objetivos pequeños y razonables —cosas tan simples como saludar a un niño, lavar mi taza de café, organizar mi escritorio, ofrecer una oración corta. Que deseche mi propio libreto de fracaso que me prepara para una depresión más profunda.

Hoy recordaré

Las metas demasiado altas me retrasan.

Meditación del día

Se dice que "Si uno no está contento como es, lleva mucho esfuerzo mejorar. Comprende que estás bien como eres ahora, y mejorarás naturalmente". A veces nos encontramos en una situación tan difícil que parece insoluble. Cuanto más lo pensamos, más nos mortificamos debido a nuestra insuficiencia imaginada para superar la situación y nos hundimos en la depresión. Ése es el momento adecuado para recordar una sola frase, lema o pensamiento filosófico, repitiéndolo hasta que reemplace los pensamientos del problema que nos atormenta, que eventualmente, se solucionará por sí solo. *¿Olvido a veces que las espinas tienen rosas?*

Oración

Que comprenda que Dios nos da modelos para consolarnos con los polos opuestos como: el día sigue a la noche; el silencio sigue al ruido; el amor sigue a la soledad; el alivio de las penas sigue al sufrimiento. Si fuera ineficaz, que pueda darme cuenta y trate de hacer algo constructivo. Si soy insensible, que mis amigos me confronten y me ayuden a tener una mayor sensibilidad.

Hoy recordaré

Todos los problemas tienen final.

Meditación del día

Nos dicen en el Programa que no hay situación imposible. Al principio, por supuesto, pensamos que esto es difícil de creer. Los polos opuestos como esperanza y desesperación son actitudes emocionales humanas. Somos *nosotros* los desesperanzados, no la condición de nuestras vidas. Cuando abandonamos la esperanza y nos deprimimos, es porque somos incapaces, por el momento, de creer en la posibilidad de una mejoría. *¿Pueda aceptar que: "No todo lo que enfrentamos puede cambiarse, pero nada cambiará hasta enfrentarlo"?*

Oración

Que recuerde que, dado que soy humano y puedo escoger, nunca estaré sin esperanza. Que sólo la situación en la que me encuentro puede parecer desesperada y puede hundirme en un estado de depresión inmovilizante a medida que se agotan mis opciones. Además, que recuerde, que aún cuando no vea una solución, puedo escoger pedir la ayuda de Dios.

Hoy recordaré

Puedo escoger no sentirme desesperanzado.

Meditación del día

Cuanto más tiempo estoy en el Programa y cuanto más trato de practicar sus principios en todos mis asuntos, con menos frecuencia me siento mal-humorado y deprimido. Quizás haya algo de cierto en ese refrán sarcástico de antaño: "Bienaventurado el que no espera nada, porque *no* se sentirá defraudado". Si tal persona está en el Programa, no se defraudará, sino que será deleitada diariamente con la prueba nueva y fresca del amor de Dios y con la cordialidad de hombres y mujeres. *¿Hay alguien, en alguna parte, que me necesita hoy? ¿Buscaré a esa persona y trataré de compartir lo que se me brindó en el Programa?*

Oración

Que agradezca a Dios de todo corazón por hacer desvanecer mi depresión. Que comprenda que mi depresión siempre será liviana si no espero demasiado. Que sepa que la calidez del afecto de mis amigos puede llenar el abismo frígido de la desesperación. Que pueda ofrecer mi afecto a los demás.

Hoy recordaré

Encontrar alguien con quien compartir.

Meditación del día

Hace unos años, el Dr. Alfred Adler recetó este remedio para la depresión a un paciente: "Usted puede sanar si lo primera que hace cada día por la mañana es considerar cómo puede brindar alegría real a otra persona. Si siguiera este consejo por dos semanas, ya no necesitará terapia". Por supuesto, la receta de Adler no es muy diferente a la sugerencia de que nos esforcemos mucho más con los Doce Pasos del Programa para librarnos de nuestra depresión. *¿Me guardo mis sentimientos dentro de mí cuando estoy deprimido? ¿O hago lo que mis amigos en el Programa han sugerido que haga?*

Oración

Que exponga mi interior, ventile la depresión que ha estado encerrada dentro de mí, reemplazándola con el consuelo de saber que mis amigos verdaderos se preocupan por mí, para luego pasar ese sentimiento a otras personas atrapadas en la misma desesperación.

Hoy recordaré

La única desesperación real es la soledad.

Meditación del día

La única cosa que puede, más que todo, aliviar mi sentimiento ocasional de depresión, es el amor. Tengo que mantenerme dispuesto a "inspirar amor", en el sentido de poder amar a los demás, en lugar de estar preocupado por saber si me aman los demás. De cierta manera, al entregarme a los demás en forma emocional o espiritual, me *encuentro* a mí mismo. Hoy entiendo lo que quisieron decir en las primeras reuniones borrosas del Programa donde me dijeron que yo era la persona más importante en la sala. *¿Digo hoy lo mismo a los nuevos miembros del Programa, con absoluta sinceridad?*

Oración

Que sepa que si puedo amar a los demás, sin esperar ser amado, habrá más oportunidades de recibir una porción de amor a cambio. Es sólo mi expectativa de recibir aprobación que anula el valor de mi amor.

Hoy recordaré

El amor no es una inversión, sino un donativo.

Meditación del día

"En ciertos momentos", escribió Coleridge, "un dolor casi insignificante puede, por asociación, congregar todas las huellas de dolor y aflicción en el cuerpo y en la mente, que he sufrido desde la infancia". El Programa no nos enseña a creer que las penurias y el dolor son sin sentido. La pesadumbre duele realmente, como lo hacen también otros tipos de dolor. Ahora que estamos libres de nuestras adicciones, tenemos mejor control sobre nuestra forma de pensar. Los pensamientos que escogemos tener en un día en particular pueden influenciar mucho el carácter de nuestros sentimientos para ese día. *¿Estoy encontrando maneras diferentes y mejores de usar mi mente?*

Oración

Agradezco a Dios por el dolor —sin importar lo insignificante que sea— que amalgama los sufrimientos anteriores en un solo gran sufrimiento que puedo sacar a luz y observar, para luego desecharlo, y así tener espacio para las preocupaciones nuevas y actuales. Agradezco a Dios por restaurar mi sensibilidad al dolor después del aturdimiento de la adicción.

Hoy recordaré

Dar gracias a Dios por restaurar mis sentimientos.

Meditación del día

Con frecuencia, oímos decir en el Programa que el dolor es la piedra angular del progreso espiritual. Eventualmente comprendemos que así como los dolores de alcoholismo tenían que llegar antes de la sobriedad, la confusión emocional llega antes de la serenidad. Ya no nos apiadamos de todas las personas que sufren, sino sólo de las que sufren en ignorancia —las que no entienden el propósito y utilidad fundamental del dolor. En las palabras de Proust, "Hacemos sólo promesas a la bondad y a la sabiduría; pero obedecemos al dolor". *¿Creo que el dolor es la forma en la que Dios trata de llamarme la atención?*

Oración

Que entienda el valor del dolor en mi vida, especialmente si estoy yendo vertiginosamente en el camino de la autodestrucción. Que sepa que el dolor es la forma en que Dios da señales al tren en el que me encuentro, antes de llegar a un puente derrumbado. Que agradezca el dolor que me obligó a usar las señales del cambio de vías a tiempo.

Hoy recordaré

El dolor nos salva.

Meditación del día

Hasta venir al Programa, nuestras vidas habían transcurrido escapando del dolor y de los problemas. Escapar por medio del alcohol u otras sustancias químicas siempre fue nuestra solución temporal. Después empezamos a ir a las reuniones. A menudo, observábamos y escuchábamos con asombro. Vimos a nuestro alrededor cómo el fracaso y el infortunio se transformaban, a través de la humildad, en bienes invalorables. Para las personas que han progresado en el Programa, la humildad es simplemente un reconocimiento claro de qué y quiénes somos — seguido de un esfuerzo sincero de convertirnos en lo que podríamos llegar a ser. *¿Está el Programa mostrándome lo que yo podría ser?*

Oración

Elevo mi plegaria para tener humildad, que es otra palabra para perspectiva, una mirada sincera de mi yo real y de mi posición en relación a Dios y a las demás personas. Que agradezca la humildad, que es como la planta procesadora donde mi dolor en bruto y mis desilusiones gastadas se redefinen adquiriendo nuevo valor y sensibilidad.

Hoy recordaré

La humildad restaura mi "visión".

Meditación del día

Nadie recibe al dolor con brazos abiertos, pero tiene sus usos. Así como el dolor físico sirve de advertencia de que podemos estar sufriendo una enfermedad corporal, de la misma manera, el dolor emocional puede ser una señal de alerta de que algo anda mal, así como también una advertencia de que debemos hacer un cambio. Cuando podamos enfrentarnos al dolor sin temor, aprenderemos a hacer frente a la causa del dolor, en lugar de huir como lo hicimos cuando éramos adictos activos. *¿Puedo aguantar un poco de incomodidad emocional? ¿Soy menos frágil de lo que yo creía?*

Oración

Ruego poder enfrentar mejor el sufrimiento y el dolor ahora que estoy comenzando a conocer la realidad, tanto la buena como la mala. Oro sinceramente para que la hipersensibilidad de mis tiempos de adicto desaparezca, que la gente no crea que debe tratarme como si fuera un cristal fino, que se puede quebrar con un poco de crítica.

Hoy recordaré

Tirar mi rótulo: "Frágil, manipular con cuidado".

Meditación del día

Nosotros aprendemos de las demás personas en el Programa que la mejor forma de tratar con situaciones dolorosas es enfrentarlas en forma honesta y genuina, tratar de aprender de ellas, y usarlas como un trampolín para crecer. A través del Programa y de nuestro contacto con un Poder Superior, podremos encontrar el valor para usar el dolor para un crecimiento triunfante. *¿Creo que el dolor que siento es un precio pequeño a pagar por la dicha de ser la persona que siempre he querido ser?*

Oración

Que mi Poder Superior me otorgue el valor que necesito para dejar de huir de las situaciones dolorosas. La droga era mi compuerta de escape, la trampa que yo esperaba me tragara cuando la vida se hacía demasiado monstruosa u horrible de soportar. Ahora que cerré esa puerta, que pueda confrontar el dolor y pueda aprender de él.

Hoy recordaré

Mi compulsión: una compuerta y una trampa.

Meditación del día

En una carta a un amigo, Bill W., el cofundador de AA, escribió, "Yo no creo que la felicidad o la desdicha es el punto a considerar. ¿Cómo lidiamos con los problemas que enfrentamos? ¿Cómo aprendemos mejor de ellos y transmitimos a los demás lo que hemos aprendido, si recibieran el conocimiento? En mi opinión, por ser de este mundo somos alumnos en la gran escuela de la vida. Se trata de que intentemos crecer, y que tratemos de ayudar a nuestros compañeros de viaje a crecer en el tipo de amor que no hace ninguna demanda. Cuando llegue el dolor, se espera que aprendamos voluntariamente de él, y de ayudar a los demás a aprender. Cuando llegue la felicidad, la aceptamos como si fuera un regalo, y le damos gracias a Dios". *¿Puedo aceptar con gusto el dolor y la felicidad?*

Oración

Dios, por favor, ayúdame a recordar que todo lo que me pasa tiene su valor, incluso la desdicha de la adicción. Que pueda creer que mi dependencia era parte del Gran Designio de Dios para acercarme a Él.

Hoy recordaré

Todo lo que soy es todo lo que me ha pasado.

Meditación del día

En cada relato que oímos de otras personas en el Programa, el dolor ha sido el precio de entrada a una nueva vida. Pero el precio de entrada compró mucho más de lo que esperábamos. Nos condujo a un nivel de humildad que descubrimos muy pronto que sanaba el dolor. Y con el tiempo, comenzamos a tener menos miedo al dolor, y un deseo mayor por humildad. *¿Estoy aprendiendo a sentirme más a gusto dando más importancia a lo que llega y menos a lo que se va?*

Oración

Si el plan de Dios para nosotros es el crecimiento espiritual, una alianza más estrecha con sus principios de lo que es bueno y verdadero, entonces, que pueda creer que todas mis experiencias han conseguido un yo nuevo y mejor. Que no tenga temor de las lecciones del dolor. Que esté consciente de que debo continuar creciendo por medio del dolor y de la dicha.

Hoy recordaré

Siento dolor; por consiguiente, soy.

Meditación del día

Todavía no me resulta fácil aceptar con serenidad el dolor ocasional y la ansiedad de hoy, pero cada vez me siento más agradecido por cierta dosis de dolor. En el Programa, nosotros encontramos la voluntad de hacer esto repasando las lecciones aprendidas de los sufrimientos pasados —lecciones que han causado las bendiciones que disfrutamos ahora. Nosotros recordamos cómo las agonías de adicción —y el dolor de la rebelión y del orgullo herido— nos ha llevado, a menudo, hacia la gracia de Dios, y de esa forma, hacia una nueva libertad. *¿He agradecido a mi Poder Superior por el milagro de mi vida de este día?*

Oración

Cuando me encontraba indefenso, le pedí ayuda a Dios. Cuando estaba desesperado, supliqué por su esperanza. Cuando me sentí impotente frente a mi adicción, pedí compartir su poder. Ahora puedo agradecer sinceramente a Dios por estar indefenso, desesperado e impotente, dado que he presenciado un milagro.

Hoy recordaré

De una adicción impotente a un Poder Superior.

Meditación del día

"Cuando un hombre ha alcanzado una condición donde cree que las cosas que no desean suceden, y las que desea no ocurren, esa condición se llama desesperación", escribió Schopenhauer. El dolor real de las dificultades emocionales es a veces muy difícil de soportar al tratar de preservar la sobriedad. Con el tiempo, aprendemos que superar esos problemas es la verdadera prueba de la forma de vivir en el Programa. *¿Creo que la adversidad me da más oportunidad de crecer que el consuelo o el éxito?*

Oración

Que crea firmemente que Dios, en su sabiduría infinita, no envía esos momentos ocasionales de tensión emocional para fastidiar mi sobriedad, sino para desafiarme a crecer en control y convencimiento. Que aprenda a no sentir miedo de picos y abismos emocionales dado que el Programa me ha equipado para transitar en todo tipo de terreno.

Hoy recordaré

Fortaleza por medio de la adversidad.

Meditación del día

He escuchado decir que cuando Dios cierra una puerta, abre una ventana. Desde que empecé a trabajar con los Doce Pasos, desapareció la mayor parte del miedo y del dolor que azotaron mi vida. Algunos de mis defectos han sido arrancados de mí, aún cuando todavía estoy luchando con otros defectos. Creo que si continúo trabajando los Doce Pasos con ahínco, mi vida continuará mejorando física, mental y espiritual- mente. *¿Estoy más dispuesto y más capaz de ayudar a los demás a hacer el trabajo de los Doce Pasos?*

Oración

Agradezco a Dios por mostrarme que los Doce Pasos son el camino hacia una vida más sensata. A medida que sigo trabajando escrupulosamente en ellos, mi vida mejora, es más sana y más cercana a mi Poder Superior. A medida que continúo viviéndolos, que pueda sentir el mismo agradecimiento y exaltación del espíritu que las personas que acaban de descubrirlo.

Hoy recordaré

Paso a paso, día a día.

Meditación del día

Por mucho tiempo después de acercarme al Programa, permití que las cosas que no podía hacer me impidieran hacer las cosas que sí podía. Si me molestaba lo que decía un orador u otras personas, yo me retraía malhumorado a mi caparazón. Ahora, en lugar de molestarme o ser defensivo cuando alguien me pone nervioso, trato de aceptarlo, porque me permite trabajar en mis actitudes y percepciones de Dios, de mí mismo, de otras personas y de la condición de mi vida. Podemos no tener adicciones activas, pero, a decir verdad, todos nosotros tenemos un problema de pensamiento activo. *¿Estoy dispuesto a seguir creciendo más y más?*

Oración

Que Dios me dé el valor para probar mis nuevas alas, aunque sea una pluma a la vez. Que no espere a estar completamente entero antes de volver a entrar en el mundo de oportunidades cotidianas, dado que la recuperación es continua y el crecimiento se produce por medio de los desafíos. Que ya no tenga que esforzarme desesperadamente para lograr la perfección, sino mantener mis objetivos bien claros y desarrolle toda mi vida un día a la vez.

Hoy recordaré

Las cosas que no pueda hacer no deben interferir con las cosas que sí puedo hacer.

Meditación del día

Al estudiar los Doce Pasos, muchos de los primeros miembros del Programa exclamaron, "¡Qué tarea! No puedo completarla". En las reuniones nos dicen constantemente que "no nos desanimemos". "Ninguno de nosotros ha podido adherirse estrictamente a estos principios". No somos santos. Lo importante es estar dispuestos a crecer espiritualmente. Los principios que hemos establecido son guías para progresar. Declaramos progreso espiritual en lugar de perfección espiritual. *¿Puedo creer en las palabras de Browning, que mi preocupación no es rehacerme, sino hacer lo absolutamente mejor posible con lo que Dios me dio?*

Oración

Aun cuando tenga mucha experiencia en el Programa, que no me olvide que los Doce Pasos no representan un logro que puede marcarse en la lista de "cosas a hacer". Por el contrario, representan un esfuerzo para lograr un ideal, un mapa para llegar allí. Que mi mente siga receptiva para a profundizar las interpretaciones de estos principios.

Hoy recordaré

Progreso en lugar de perfección.

Meditación del día

"Todos queremos *ser* alguien; nadie quiere crecer", escribió *Goethe*. A veces me pregunto, como todos nosotros solemos hacerlo: "¿Quién soy?", ¿"Dónde estoy?", "¿Hacia dónde voy?", "¿De qué se trata?" Generalmente, el proceso de aprendizaje y el crecimiento es lento. Pero a la larga, nuestra búsqueda siempre resulta en un hallazgo. Lo que parecen ser grandes misterios, con frecuencia, terminan conservadas en completa simplicidad. *¿He aceptado que mi predisposición para crecer es la esencia de mi desarrollo espiritual?*

Oración

Dios: otórgame paciencia y perseverancia para seguir cavando el surco largo, aún cuando no vea donde termina. Los principios del Programa son más mi almanaque para plantar que para cosechar. Si continúo atendiendo el huerto la cosecha será tan abundante como para compartirla con los demás.

Hoy recordaré

Lo importante no es *estar,* sino esmerarse en *llegar.*

Meditación del día

A sugerencia de una persona veterana en el Programa, yo empecé a hacer periódicamente "inventarios de recuperación". Los resultados me demostraron clara e inequívocamente que las promesas del Programa han sido verdaderas para mí. Ya no soy la persona enferma que era hace unos años; ya no me siento fracasado en todo, tengo una nueva vida, un camino a seguir, y estoy en paz conmigo mismo la mayor parte del tiempo. Y eso está muy alejado del momento en mi vida cuando me aterraba enfrentar un nuevo día. Quizás todos nosotros deberíamos, de vez en cuando, hacer inventarios, para mostrar cómo el Programa está actuando en cada uno de nosotros. *¿Sólo por hoy, trataré yo sembrar fe donde haya miedo?*

Oración

Dios, permíteme comparar mi nueva vida con la antigua, sólo para ver cómo han cambiado las cosas para mí. Que de vez en cuando, haga informes de mi progreso ahora y después para las personas que son nuevas en el Programa. Que estos informes sean alentadores de "lo que estoy haciendo" en lugar de —vanidosamente— sobre "lo que he hecho."

Hoy recordaré

¿Ha mantenido el Programa su promesa? ¿He mantenido mi promesa?

Meditación del día

¿Es librarse de la adicción todo lo que podemos esperar de un despertar espiritual? Categóricamente no. La libertad de la adicción es sólo el principio; es sólo el primer regalo de nuestro primer despertar. Obviamente, si vamos a recibir más regalos, nuestro despertar tiene que continuar. A medida que lo hace, encontramos que, en forma lenta pero segura, podemos descartar nuestro estilo anterior de vida que no funcionó, y cambiarlo por uno nuevo que puede y que realmente funciona en todas las condiciones. *¿Estoy dispuesto a continuar mi despertar espiritual practicando los Doce Pasos?*

Oración

Que recuerde cómo era cuando mi única meta en la vida era terminar con mi adicción. Todas las palabras y frases que usaba eran "fines" como "rendirse", "cesar", "alejarme". Una vez que me liberé, empecé a comprender que mi libertad tenía mucho más que ver con "empezar" que con "finalizar". Que siga pensando en función de nuevos comienzos: "expandir", "despertar", "crecer", "aprender", "transformar".

Hoy recordaré

Poner fin a mi adicción fue un punto de partida.

Meditación del día

En el pasado, aún siendo adultos, muchos de nosotros insistíamos infantilmente en que las personas nos protegieran, defendieran y cuidaran. Actuábamos como si el mundo nos debiera un lugar para vivir. Y luego, cuando las personas que más amábamos se cansaban de nosotros, dejándonos a un lado, o abandonándonos para siempre, nos sentíamos muy perplejos. No podíamos ver que nuestra dependencia exagerada en la gente era infructuosa porque todos los seres humanos son falibles; incluso los mejores de ellos a veces nos decepcionarán, nos defraudarán, especialmente si nuestras expectativas son irrazonables. Hoy, por contraste, confiamos en Dios, dependiendo de Él en lugar de en nosotros mismos o en otras personas. *¿Estoy tratando de hacer lo que pienso que Dios desee que haga, confiando en el resultado de su voluntad para conmigo?*

Oración

Que basado en las dependencias de mi pasado, sepa que soy una persona dependiente. Yo dependía del alcohol, drogas, comida u otras actividades adictivas. Yo tenía la tendencia de "apegarme" a otras personas, dependiendo de ellas para más de lo que podían dar. Que finalmente, pueda cambiar de la dependencia adolescente a una dependencia sana y madura en mi Poder Superior.

Hoy recordaré

Tengo más de una dependencia.

Meditación del día

Ahora que estamos libres de nuestras adicciones para vivir la vida un día a la vez, podemos empezar a dejar de hacer demandas irracionales a las personas que amamos. Podemos demostrar bondad donde nunca lo habíamos hecho; podemos tomarnos el tiempo y la iniciativa de ser considerados y compasivos. Incluso con las personas que nos desagradan podemos, por lo menos, tratar de ser corteses; a veces hacer un esfuerzo especial para entenderlas y ayudarlas. *¿Sólo por hoy, trataré de entender en lugar de ser entendido, de ser cortés y respetuoso con todas las personas con quienes estoy en contacto?*

Oración

Que nunca me olvide de que antes era como una esponja, absorbiendo cada gota de afecto y atención que me brindaban mi familia y mis amigos, hasta dejarlos completamente secos. Que aprenda a dar en lugar de tomar constantemente. Que practique ofrecer interés, bondad, consideración y compasión hasta que la sensibilidad hacia los demás se vuelva natural para mí.

Hoy recordaré

Dar es parte de ser.

Meditación del día

En nuestras primeras semanas o meses en el Programa, nuestra condición emocional insegura afecta a veces nuestros sentimientos por los antiguos amigos y familia. Para muchos de nosotros, estas relaciones sanan rápidamente en las fases iniciales de nuestra recuperación. Para otros, parece persistir cierto tiempo con "irritabilidad"; ahora que ya no bebemos o usamos drogas, tenemos que reorganizar nuestros sentimientos sobre el cónyuge, hijos, parientes, compañeros de trabajo, e incluso vecinos. La experiencia de años en el Programa nos ha enseñado que debemos evitar tomar decisiones importantes en la fase temprana de nuestra recuperación, especialmente decisiones cargadas de emoción sobre la gente. *¿Estoy mejor equipado para relacionarme maduramente con otras personas?*

Oración

Que Dios me acompañe en la inquietud y la confusión de volver a sentir y de volver a pensar mis relaciones, durante las fases de "reorganizarlo todo" de mi recuperación. Que no me apresure a tener nuevas relaciones o nuevas situaciones que exijan una fuerte inversión de emociones —no todavía.

Hoy recordaré

Ninguna relación complicada demasiado pronto.

Meditación del día

No importa lo que otras personas hagan o no, nosotros tenemos que permanecer sobrios y librarnos del yugo de otras adicciones. Cuando nuestro programa de recuperación se vuelve dependiente de las acciones o inacciones de otra persona —los resultados son invariablemente desastrosos. Debemos también recordar que detestar intensamente es un compromiso emocional tanto como lo es el amor romántico. Para abreviar, tenemos que enfriar todo compromiso emocional arriesgado en los primeros meses de nuestra recuperación, tratando de aceptar que nuestros sentimientos pueden cambiar rápida y drásticamente. Nuestras expresión de alerta debería ser "Hacer las cosas importantes primero", concentrándonos en nuestro problema número uno antes que nada. *¿Estoy edificando un cimiento firme al mismo tiempo que evito las zonas emocionalmente resbaladizas?*

Oración

Que siempre recuerde que es necesario para mi recuperación tener relaciones personales sanas. Pero, sustituir una obsesión por una pasión, sea amor o sea odio, es tan peligroso para mi bienestar como cualquier otra adicción.

Hoy recordaré

Dependencia es dependencia, que sigue siendo dependencia.

Meditación del día

Podemos estar rodeados de personas y aún así sentirnos solos. Podemos estar solos y sentirnos felices y contentos. ¿Cuál es la diferencia? Nos sentimos solos si buscamos en otras personas algo que no nos pueden ofrecer. Nadie puede darnos la tranquilidad mental, un sentido interno de aceptación y de serenidad. Estar solos, no significa sentirnos solitarios. Dios está con nosotros; su presencia es como un mantón abrigado que nos cubre. Cuanto más conscientes seamos de que Dios nos ama, más contentos y seguros nos sentiremos —tanto estemos acompañados o solos. *¿Estoy sintiendo la presencia de Dios en todo momento y lugar?*

Oración

Que entienda que cada uno de nosotros tiene su propio tipo de soledad, tanto seamos jóvenes y sin amigos, ancianos y esperando a la muerte, privados de la felicidad, olvidados, huyendo, o simplemente sintiéndonos desconectados en una muchedumbre. Que mi soledad se alivie un poco porque la soledad es, en realidad, un sentimiento universal que todos conocen directamente aunque algunas vidas parecen más vacías que otras. Que yo y todas las personas solitarias se consuelen en la unión con Dios.

Hoy recordaré

La soledad compartida es menos solitaria.

Meditación del día

Toda la filosofía de la vida se condensa en el lema *Vivir y dejar vivir.* Primero se nos exhorta a que vivamos en forma integral, abundante y feliz para cumplir nuestro destino con la alegría que se obtiene cuando hacemos todo bien. Luego se presenta un desafío más difícil: *Dejar vivir.* Esto significa aceptar el derecho de otra persona a vivir como lo desee, sin crítica ni juicio de nuestra parte. Este lema excluye el desprecio para los que no piensen como nosotros. También nos advierte contra los resentimientos, recordándonos que no debemos interpretar las acciones de otras personas como agravios intencionales contra nosotros. *¿Estoy menos tentado de ocupar mi mente con pensamientos de cómo otras personas actúan o viven?*

Oración

Que pueda vivir en forma plena, entendiendo que la mera búsqueda del placer no es encontrar el placer, por el contrario, se debe compartir la bondad de Dios. Que pueda participar en eso. Que aprenda a no apropiarme de la responsabilidad por las decisiones de otra persona adulta; esa es mi forma antigua de probar a mi manera, una vez más, que soy el director ejecutivo de las vidas de otras personas.

Hoy recordaré

Vivir y dejar vivir.

Meditación del día

Aprendí en el Programa que soy totalmente impotente frente a mi adicción. Finalmente, he aceptado mi ineptitud; y como resultado, mi vida ha dado un giro de 180 grados para algo mejor. Sin embargo, *tengo* un poder, derivado de Dios, para cambiar mi propia vida. He aprendido que la *aceptación* no significa *resignación* a una situación desagradable o degradante. Significa aceptar la realidad de la situación y luego decidir si puedo o quiero hacer algo al respecto. *¿He dejado de tratar de controlar lo incontrolable? ¿Estoy obteniendo el valor para cambiar las cosas que puedo?*

Oración

Ruego a mi Poder Superior que me oriente para aprender a separar las cosas que puedo cambiar de las que no puedo, dado que ese proceso de clasificar, requiere la sabiduría que otorga Dios. Que "las cosas que no puedo cambiar" no me brinden una excusa para no actuar. Que "las cosas que puedo cambiar" no incluyan manejar la vidas de otras personas. Que empiece a entender mi propia realidad.

Hoy recordaré

Aceptación no es inacción.
Cambio no es dominación.

Meditación del día

Nosotros somos impotentes frente a nuestras adicciones; ese reconocimiento nos trajo al Programa, donde aprendemos, a través de rendirnos incondicionalmente, que existe victoria en la derrota. Después de cierto tiempo, aprendemos en el trabajo con el Paso Doce que no sólo somos impotentes frente a nuestra adicción, sino además frente a las adicciones de los demás. Por ejemplo, no podemos obligar a una persona a ser abstemia, al igual que no podemos atrasar el atardecer. Podemos atender las necesidades físicas de una persona; podemos compartir y orar con ella, y llevarla a las reuniones. Lo que no podemos hacer es entrar en su cabeza y oprimir un botón mágico para que la persona dé su Primer Paso importante. *¿Trato todavía de actuar como si fuera Dios?*

Oración

Que entienda mi necesidad muy humana de ser el jefe, tener control, ser la autoridad final, incluso en el caso humillante de mi propia adicción. Que vea lo simple que sería creerse alguien muy importante en el trabajo con el Paso Doce. Que vea también que, no importa lo mucho que me preocupe y quiera ayudar a los demás, no tengo control alguno sobre la adicción de otra persona ni nadie tiene control de la mía.

Hoy recordaré

No puedo diseñar la sobriedad de una persona.

Meditación del día

Poco después de empezar el Programa, encontré un Poder Superior a mí, a quien decidí llamar Dios, como yo lo concibo. Yo creo que Él tiene todo el poder; si permanezco cerca de Él y hago bien el trabajo que me pide. Él me proporcionará no lo que yo pienso que deseo, sino lo que *necesito*. Gradualmente, me estoy volviendo menos interesado en mí y en mis pequeños ardides; y al mismo tiempo, estoy más interesado en considerar lo que aporto a los demás y a la vida. *A medida que soy más consciente de la presencia de Dios, ¿estoy empezando a perder mis miedos egoístas?*

Oración

Que vea que el cambio más evidente en mí —más allá de mi propio sentido interno de paz— es que he salido de las falsas murallas de mi castillo, dejando caer y cruzando el puente levadizo que me conduce a mi villa real. Estoy de regreso entre sus habitantes nuevamente, interesado y preocupándome por lo que les pasa. Que encuentre mi alegría aquí en esta realidad con la gente, ahora que dejé atrás mis antiguos temores autoprotectores e ilusiones de mi propia singularidad.

Hoy recordaré

¿Qué es la vida sin la gente?

Meditación del día

A medida que "seguimos asistiendo" a las reuniones, somos capaces de reconocer a las personas que tienen serenidad en abundancia. Nos sentimos atraídos a ellas. Para nuestra sorpresa, a veces vemos que aquellas que parecen estar más agradecidas por las bendiciones presentes son las mismas que tienen los problemas más serios y persistentes en el hogar y en el trabajo. Aún así, tienen el valor de alejarse de los problemas, tratando activamente de aprender y ayudar a los demás en el Programa. ¿Cómo lograron su serenidad? Debe ser porque dependen menos de ellas mismas y de sus recursos limitados y más en un Poder superior a ellas mismas, en el que tienen confianza. *¿Estoy adquiriendo el don de la serenidad? ¿Han empezado mis acciones a reflejar mi fe interna?*

Oración

Que nunca cese de asombrarme de la serenidad que noto en los demás miembros de mi grupo —una serenidad que se manifiesta en su entrega apacible a un Poder Superior. Que pueda aprender de ellos que es posible obtener la tranquilidad mental aún en lo más reñido del problema. Que yo aprenda también que, de vez en cuando, debo retirarme de mis problemas para beber del manantial de la serenidad interna que Dios me brinda.

Hoy recordaré

La serenidad es rendirse al plan de Dios.

Meditación del día

Cuando leí por primera vez la Oración de la Serenidad, la palabra "serenidad" parecía una imposibilidad. En ese momento, la palabra evocó imágenes de letargo, apatía, resignación, o paciencia con ceño fruncido; difícilmente parecía una meta deseable. A partir de entonces, constaté que la serenidad no significa ninguna de esas cosas. Para mí hoy, la serenidad es simplemente una forma clara y real de ver al mundo, acompañada de tranquilidad y entereza internas. Mi definición favorita es, "La serenidad es como un giroscopio que nos permite mantener el equilibrio no importa el torbellino que exista a nuestro alrededor". *¿Vale la pena tratar de lograr esa condición mental?*

Oración

Que note que la "serenidad" viene antes del "valor" y la "sabiduría" en la secuencia de la Oración de la Serenidad. Que crea que la "serenidad" también debe venir primero en mi vida. Debo tener el equilibrio, perspectiva y aceptación realistas que son parte de esta gracia que es la serenidad antes de que actúe y tome decisiones que traerán orden a mi existencia.

Hoy recordaré

La serenidad viene primero.

Meditación del día

La determinación —nuestra resolución firme de que podemos *hacer algo* acerca de todo en la vida— es quizás la barrera mayor para lograr la serenidad. Nuestros antiguos mensajes nos dicen: "Lo difícil puede hacerse inmediatamente; lo imposible tomará un poco más de tiempo". Así que nos tensamos y nos aprestamos para la batalla, aunque sabemos por experiencia que nuestro voluntad nos condena de antemano al fracaso. En el Programa nos dicen constantemente que debemos "Dejar todo en las manos de Dios". Finalmente encontraremos la serenidad cuando dejemos a un lado nuestra voluntad para aceptar la voluntad de Dios en nosotros *¿Estoy aprendiendo a aliviar mi control terco? Permito que las soluciones se revelen por sí mismas?*

Oración

Que alivie la tensión en mi mandíbula y en mis puños apretados, mi nerviosidad —todos signos externos del síndrome de "hacerlo yo mismo" que me ha causado problemas anteriormente. Que pueda saber por experiencia que esta actitud de "tener control de mí mismo" y de todos los demás, trae aparejada también la impaciencia seguida de frustración. Que pueda fundir mi voluntad en la voluntad divina de Dios.

Hoy recordaré

Aliviar la tensión inmovilizadora.

Meditación del día

Yo recuerdo que una vez oí decir en el Programa que "La vida es una serie de acuerdos y desacuerdos con el universo". Esta aseveración tiene mucho de cierto, porque soy sólo un pequeño engranaje en la maquinaria del universo. Cuando trato de hacer las cosas a mi manera, sólo experimento frustraciones y un sentimiento de fracaso. Si por el contrario, aprendo a ceder, con seguridad el éxito estará a mi alcance. Entonces tendré tiempo de agradecer mis bendiciones, trabajar en mis limitaciones y vivir en forma plena y abundante en el momento. *¿Creo que encontraré lo que deseaba saber si practico el Paso Once —orando solamente por tener el conocimiento del plan de Dios para mí, y el poder de ponerlo en práctica?*

Oración

Que siga las instrucciones del Paso Once y no caiga en mi hábito usual de hacer listas detalladas para Dios de todas mis súplicas, ruegos y quejas. Que ya no trate de anticipar con mis soluciones específicas lo que hará Dios, y deje que Él haga su voluntad. Que agradezca mis bendiciones en lugar de mis súplicas.

Hoy recordaré

No hacer una lista para Dios.

Meditación del día

Cuando permitimos a nuestro Poder Superior estar a cargo, sin reservas, dejamos de estar "ansiosos". No sentirnos ansiosos de una persona o situación, no significa que estemos desinteresados o que hayamos dejado de preocuparnos por los demás. La verdad es exactamente lo opuesto. Podemos estar interesados y ser compasivos *sin* estar ansiosos ni temerosos. La persona equilibrada y con mucha fe trae algo positivo a cada situación. Podrá hacer las cosas que sean necesarias y útiles. *¿Comprendo que estaré mejor preparado para hacer cosas sabias y llenas de amor si destierro los pensamientos de ansiedad sabiendo que Dios está a cargo?*

Oración

Elevo mi plegaria para librarme de la ansiedad que he equiparado en mi mente con la compasión y la preocupación por los demás. Que pueda saber que la ansiedad no es algo que se usa externamente y que se quita como si fuera una capa. Que sepa que debo tener serenidad interna y la confianza en que Dios puede obrar mejor que yo, y de esa forma disminuir mi ansiedad.

Hoy recordaré

La ansiedad nunca resolvió nada.

Meditación del día

En ocasiones, cuando rezo varias veces la Oración de la Serenidad pierdo el significado de la oración aún cuando repita sus palabras. Por eso trato de pensar en el significado de cada frase al decirla en voz alta o en silencio. A medida que me concentro en el significado, crece mi comprensión, junto con mi capacidad de discernir la diferencia entre lo que puedo y no puedo cambiar. *¿Veo que la mayoría de las mejoras en mi vida vendrá al cambiar mis propias actitudes y acciones?*

Oración

Que mi Poder Superior me muestre significados nuevos y más profundos cada vez que repita la Oración de la Serenidad. Al aplicarla a las situaciones y relaciones en mi vida, que se me destaque su verdad una y otra vez. Que me dé cuenta de que la serenidad, la valentía y la sabiduría son todo lo que necesito para lidiar con la vida, pero nada de eso tiene valor a menos que aflore de mi confianza en un Poder Superior a mí mismo.

Hoy recordaré

La fórmula de Dios para vivir: serenidad, valor y sabiduría.

Meditación del día

Muchas personas que conocemos en el Programa irradian un tipo de brillo especial —se ve en sus rostros y en sus modales una alegría de vivir. Ellas han dejado el alcohol y otras sustancias químicas que afectan la mente y han avanzado al punto donde se sienten "radiantes" de la misma vida. Su confianza y entusiasmo son contagiosos —sobre todo para las nuevas personas en el Programa. Lo asombroso para los recién llegados es que esas mismas personas felices estuvieron anteriormente muy agobiadas de dolor. El milagro de sus relatos antes y después de su adicción, y de la nueva perspectiva, son prueba fidedigna de que el Programa surte efecto. *¿Sirve mi progreso en el Programa para llevar el mensaje a otras personas?*

Oración

Ruego que mi propia transformación a través del Programa —de apesadumbrado a aliviado, de derrotado a victorioso, de no importarme nada a ser compasivo, de tiranizado por las drogas a estar libre de ellas, sea una gran inspiración para los recién llegados, como también lo fueron para mí los cambios radicales que hubo en las vida de los demás. Que yo, al igual que esas personas dichosas de la confraternidad, aprenda a sentirme "radiante" con la vida.

Hoy recordaré

La vida es el estado radiante más hermoso de todos.

Meditación del día

Mi progreso en la recuperación depende, en gran medida, de mi actitud, y mi actitud depende de mí. Es la forma como yo decido ver las cosas. Nadie puede forzar una actitud en mí. Para mí, una buena actitud es un punto de vista no enturbiado por la autoconmiseración y el resentimiento. Sin lugar a dudas tropezaré con piedras en mi camino. Pero el Programa me ha enseñado que estas piedras pueden convertirse en escalones para crecer. *¿Creo que, como Tennyson dijo, "los hombres avanzarán usando escalones para alcanzar niveles más elevados de crecimiento"?*

Oración

Que Dios me ayude a cultivar una actitud sana hacia mí mismo, hacia el Programa y a otras personas. Dios, impide que pierda los estabilizadores espirituales que me mantienen genuino y honesto en propósito y perspectiva. Déjame ignorar la autoconmiseración, el desaliento y mi tendencia a exagerar las situaciones. Que ninguna carga opresiva me desequilibre.

Hoy recordaré

No puedo descorazonarme con Dios a mi lado.

Meditación del día

"El progreso fundamental tiene que ver con la reinterpretación de las ideas básicas", escribió Alfred North Whitehead. Cuando pasamos revista a los puntos altos y bajos de nuestra recuperación en el Programa, podemos ver la verdad de ese enunciado. Nosotros avanzamos cada vez que nos libramos de una antigua idea, cada vez que descubrimos un defecto de carácter, cada vez que estamos listos para que nos quiten ese defecto, para pedirle humildemente a Dios que lo quite. Progresamos, un día a la vez, cuando rehusamos la primera copa, o la primera píldora, el primer acto adictivo que muy rápidamente nos hacen desviar del sendero del crecimiento y nos pone de vuelta en el camino del tormento y la desesperación. *¿He considerado el progreso que he hecho desde que llegué al programa?*

Oración

Que recuerde que hay muy pocas nuevas ideas en este mundo, y sí muchas ideas antiguas reinterpretadas y declaradas nuevamente. Que siempre esté consciente de que incluso las cosas importantes en la vida —como el amor, la hermandad, Dios, la sobriedad— se definen más sutilmente en cada vida humana. Que los Doce Pasos del Programa se redefinan en nuestras vidas, teniendo en cuenta que son principios bien claros y puestos a prueba, y que funcionan.

Hoy recordaré

Los Doce Pasos funcionan.

Meditación del día

A menudo, sin querer e incluso inconscientemente —establecemos normas para otras personas en el Programa. Lo que es peor, esperamos que las cumplan. A veces llego al extremo de decidir el progreso que deberían hacer las personas en su recuperación y de cómo deberían cambiar *sus* actitudes y acciones. No es sorprendente entonces, que cuando las cosas no funcionan como yo espero, me frustre e incluso me enfade. Tengo que aprender a dejar que Dios se ocupe de esas personas. Debo aprender a no exigir ni esperar cambios en los demás, concentrándome solamente en mis propias limitaciones. Finalmente, no debo buscar perfección en otro ser humano hasta no haberla logrado en mí mismo. *¿Puedo alguna vez llegar a ser perfecto?*

Oración

Que Dios me pida que me baje inmediatamente si empiezo a subir a uno de estos lugares altos: a mi podio, como si fuese un catedrático sabelotodo, a mi cajón de orador, como un líder que va a cambiar el mundo, en mi púlpito, como si fuera un mensajero de Dios; o sentado en la banca de los jueces, golpeando con el mazo como si fuera un protector de la ley. Ruego a Dios que me impida ampararme con esta autoridad no justificada y que siga siendo humilde.

Hoy recordaré

Una mano demasiada severa no es una mano tendida para ayudar.

Meditación del día

Alguien dijo una vez que la orientación de la mente es más importante que su progreso. Si mi orientación es correcta, con seguridad será seguida del progreso. Venimos por primera vez al Programa para recibir algo para nosotros mismos, pero pronto aprendemos que recibimos más generosamente cuando *damos* a los demás. Si la orientación de mi mente es dar en lugar de recibir, me beneficiaré con creces. Cuanto más doy de mi parte y más generosamente abro mi corazón y mi mente a los demás, mayor crecimiento y progreso lograré. *¿Estoy aprendiendo a no medir mi generosidad de lo que recibo, aceptando que el acto de dar tiene su propia recompensa?*

Oración

Que no pierda de vista ese pilar que es el Programa —ayudándome por medio de ayudar a los demás en nuestro propósito de lograr una sobriedad serena. Que sienta lo maravilloso que es dar, recibir y devolver desde el momento que doy el Primer Paso. Que me importe profundamente que las demás personas se mantengan libres de drogas, y que pueda saber que ellas se preocupan de mí. Es un intercambio simple y hermoso.

Hoy recordaré

Dar y recibir y volver a dar.

Meditación del día

Ahora que estamos sobrios y viviendo en la realidad, a veces es difícil de verse como nos ven los demás y, en el proceso, determinar el progreso que hemos hecho en la recuperación. En el pasado, el espejo detrás de la barra del bar nos daba una imagen distorsionada e ilusoria de nosotros mismos: la forma como imaginábamos que éramos, y la forma cómo imaginábamos que éramos a los ojos de los demás. Hoy, una buena forma para mí de medir mi progreso es simplemente observarme con mis amigos en el Programa. Como testigo del milagro de sus recuperaciones, me doy cuenta de que formo parte del mismo milagro, y permaneceré siéndolo mientras siga dispuesto a hacerlo. *¿Agradezco la realidad y el milagro divino de mi recuperación?*

Oración

Que Dios mantenga mis ojos abiertos para ver los milagros —esos cambios maravillosos que han ocurrido en mi vida y en las vidas de mis amigos del grupo. Que la única medida del progreso sea simplemente una sonrisa sincera y una visión y mente claras que finalmente pueden vivir en la realidad. Que mi propia dicha sea la respuesta a mi pregunta: "¿Cómo me va en el Programa?".

Hoy recordaré

Los milagros miden nuestro progreso: ¿Quién necesita más que eso?

Meditación del día

Ni siquiera en mis sueños más fantasiosos me hubiera imaginado las recompensas que recibiría cuando consideré por primera vez cambiar mi vida, y entregarla al cuidado de Dios, como yo lo concibo. Ahora, me regocijo en la bendición de mi recuperación, así como también en la recuperación de muchas otras personas que encontraron esperanza y un nuevo estilo de vida en el Programa. Después de tantos años desperdiciados y de terror, entiendo hoy que Dios ha estado siempre a mi favor y a mi lado. *¿No es mi comprensión más clara de la voluntad de Dios lo mejor que me ha pasado en mi vida?*

Oración

Que agradezca el contraste bienaventurado entre el estilo de vida que tenía (Parte I) y cómo es ahora (Parte II). En la Parte I, yo era el adicto practicante, perdido entre mis temores y engaños. En la Parte II, yo soy el adicto recuperándose, redescubriendo mis emociones, aceptando mis responsabilidades, aprendiendo lo que el mundo real tiene que ofrecer, creciendo cerca de mi Poder Superior. Sin ese contraste, nunca podría sentir la alegría que conozco hoy o el sentido de la proximidad serena de mi Poder Superior.

Hoy recordaré

Agradezco los contrastes.

Meditación del día

Hay muchísimas formas de medir mi progreso y crecimiento en el Programa. Una de las más importante es el conocimiento de que ya no estoy obligado, casi obsesivamente, a criticar todo y a todos. Mi única preocupación hoy es trabajar en cambiarme, en lugar de cambiar a otras personas, lugares y cosas. A su manera, la obsesión de juzgar constantemente fue una carga tan pesada para mí como la obsesión de mi adicción; estoy agradecido por haberme sacado esos dos pesos de mis hombros. *Cuándo critico, ¿recordaré que yo estoy entrando ilegalmente en el territorio de Dios?*

Oración

Perdona mis ofensas por haberme autonombrado juez y jurado de mis pares. Al ser crítico he violado el derecho de los demás de criticarse a sí mismos, y los derechos de Dios en la Corte más suprema de todas. Que pueda descartar mis herramientas de crítica, mi propia vara y cinta de medir, mis comparaciones, mis normas inalcanzables, y aceptar a cada persona como un individuo único, sin igual.

Hoy recordaré

Desechar los antiguos hábitos, especialmente el juzgar a los demás

Meditación del día

Antes de admitir mi impotencia frente al alcohol y a otras drogas, tenía un opinión nula de mi valor como persona. Vine al Programa como un "don nadie" que quería desesperadamente ser alguien. Ahora entiendo que mi autoestima estaba hecha añicos, aparentemente sin posibilidad de repararse. Gradualmente el Programa me ha permitido obtener un sentido más fuerte que nunca de mi autoestima. Comencé a aceptarme a mí mismo, comprendiendo que no soy tan malo como siempre creí ser. *¿Estoy aprendiendo que mi autoestima no depende de la aprobación de los demás, sino que es un proceso que ocurre dentro de mí?*

Oración

Cuando me siento deprimido y sin valor, que mi Poder Superior y mis amigos en el grupo me ayuden a ver que, aunque había "caído", no había sido "abatido". No importa lo enfermo que me sintiera en mis peores momentos, y con la autoestima muy baja, aún entonces tenía el poder de escoger. Y escogí hacer algo bueno para mí. Que esa buena selección sea la base de mi autoestima reactivada.

Hoy recordaré

No me castigaré a mí mismo cuando esté caído.

Meditación del día

Existe una gran diferencia entre la idea del egoísmo y el amor a mí mismo. El egoísmo es la reflexión de un ego inflado alrededor de la cual —en nuestra distorsionada visión de autoimportancia— todo debe girar. El *egoísmo* es el campo fértil para la hostilidad, la arrogancia, y una gama de otros defectos de carácter que nos ciegan a otros puntos de vista que no son los nuestros. Por el contrario, el *amor a nosotros mismos* es la apreciación de nuestra dignidad y nuestro valor como seres humanos. El amor a nosotros mismos es una expresión de autorrealización de donde emana la humildad. ¿Creo que puedo amar mejor a los demás cuando he logrado amarme a mí mismo?

Oración

Que Dios, que me ama, me enseñe a amarme a mí mismo. Que pueda notar que los humanos más arrogantes y serviles no se sienten completamente seguros de sí mismos, a pesar de todo. Por el contrario, tienen la tendencia a tener una imagen muy mala de sí mismos, una inseguridad que disfrazan con pompa y vestidos principescos. Que Dios me muestre que al agradarme a mí mismo, estoy reconociendo debidamente a Él, dado que todos los seres vivientes son la creación de Dios.

Hoy recordaré

Trataré de agradarme a mí mismo.

Meditación del día

"No todos aquellos que conocen sus mentes conocen también sus corazones ", escribió La Rochefoucauld. El Programa es de valor inestimable para quienes, como nosotros, son adictos, quieren conocerse a sí mismos, y tienen la valentía de buscar el crecimiento a través del autoexamen y la automejora. Si permanezco honrado, flexible y dispuesto, el Programa me permitirá librarme de mis actitudes autoengañosas y de las fallas de carácter que por tanto tiempo me impidieron ser el tipo de persona que quiero ser. *¿Trato de ayudar a las personas a entender el Programa y los Doce Pasos? ¿Transmito el mensaje con el ejemplo?*

Oración

Yo pido a Dios que otorgue bendiciones al grupo, que me ha permitido ver mucho en mí que no estuve dispuesto a enfrentar por mi cuenta. Que pueda tener el valor de ser confrontado y de confrontar, no sólo por la honestidad en sí, que sería razón suficiente, sino por permitirme a mí mismo y a los demás en el grupo de crecer en nuestro propio conocimiento.

Hoy recordaré

Somos la reflexión de uno de nosotros.

Meditación del día

Un filósofo famoso escribió "Nuestro propio ego está muy oculto de nuestro ego". "De todas las minas de tesoros, la nuestra es la última a ser excavada". Los Doce Pasos me han permitido desenterrar "mi "propio ego", que por largo tiempo había estado enterrado debajo de mi necesidad desesperada de la aprobación de los demás. Gracias al Programa y a mi Poder Superior, he empezado a adquirir un verdadero sentido del ego y un sentido agradable de confianza. Ya no tengo que reaccionar como un camaleón —cambiando mi color de un momento al otro— tratando infructuosamente de agradar a todas las personas. *¿Me esfuerzo, en todo momento, para ser verdadero conmigo mismo?*

Oración

Ruego ser honrado conmigo mismo, y que continúe —con la ayuda de Dios y de mis amigos— tratando de conocer mi verdadero yo. Que sepa que no puedo ser, de repente, una personalidad definida y uniforme, que puede llevar tiempo desarrollar esa personalidad y cultivar mis valores y mis prioridades. Que conozca ahora que tengo un buen comienzo para ser lo que deseo ser.

Hoy recordaré

Estoy siendo lo que deseo ser.

Meditación del día

Muchos de nosotros en el Programa pasamos nuestra niñez —así como también parte de la vida adulta— engrillados emocionalmente con la carga terrible de la timidez. Nos resultaba difícil entrar a sitios con mucha gente, conversar con nuestros amigos, o sostener contacto visual con alguien. ¡La agonía que sufrimos! Aprendemos en el Programa que la timidez es simplemente otra manifestación del miedo egoísta que está en la raíz de todos nuestros defectos de carácter. Específicamente, la timidez es el miedo a lo que piensan o podrían pensar los demás de nosotros. Para nuestro alivio, la timidez nos abandona gradualmente al hacer el trabajo del Programa y al interactuar con la gente. *¿Soy consciente de que me siento bien mientras no me enfoque en mí mismo?*

Oración

Dios, que pueda agradecerte estar superando mi timidez, después de años de rehuir de las personas, inquieto, sonrojándome, diciendo bruscamente todas las "cosas equivocadas" o diciendo nada en absoluto –para luego volver a vivir las agonías imaginándome lo que *debería* haber dicho y hecho. Que sepa que he debido pasar por una adicción muy seria y conocer muchas personas compasivas para convencerme de que yo soy bueno, y tú eres bueno, él es bueno, y ella también lo es.

Hoy recordaré

La cura para la timidez es ocuparse de otra persona.

Meditación del día

Mis adicciones eran en gran medida como ladrones. No sólo me robaron dinero, propiedad y otras cosas materiales, sino además la dignidad y el autorrespeto, mientras que mi familia y amigos sufrían conmigo. Mis adicciones también me robaron la capacidad de tratarme a mí mismo debidamente, como Dios me trataría. Hoy, por el contrario, soy capaz de sentir verdadero amor por mí mismo, al punto que puedo brindarme más amor del que necesito. Por lo tanto, doy ese amor a otras personas en el Programa, así como ellas me dieron su amor. *¿Agradezco a Dios por guiarme a un Programa donde a las personas enfermas se les ayuda a sanar con el remedio del amor?*

Oración

Agradezco a Dios por un estilo de vida que genera tanto amor y compasión, que en el Programa se nos hace imposible no aprender a amarnos a nosotros mismos. Cuando veo que alguien se preocupa por mí, me siento más apto para convencerme de que quizás yo soy, después de todo, una persona a la que vale la pena preocuparse. Que sea siempre consciente del amor que puedo dar ahora y ofrecerlo.

Hoy recordaré

Alguien que se preocupa por mí me hace sentir que soy merecedor de esa preocupación.

Meditación del día

De vez en cuando veo las palabras: *Por la gracia de Dios,* y me acuerdo cuando murmuraba esas palabras al ver a personas cuyas adicciones las arrastraron a un estado considerado como "sin esperanza y sin remedio". Para mí esas palabras habían sido por mucho tiempo una excusa, reforzando mi ceguera a mi propia adicción, dejando que señalara a otros aparentemente peores que yo. "Si alguna vez me pongo así, dejaré mi adicción", era mi estribillo repetido. Hoy, en cambio, *Por la gracia de Dios* se ha hecho mi oración de agradecimiento, recordándome agradecer a mi Poder Superior por mi recuperación, mi vida, y el estilo de vida que encontré en el Programa. *¿Ha habido alguien más "desesperanzado e incurable" que yo?*

Oración

Que sepa que si no fuera "por la gracia de Dios," yo podría hoy estar muerto o demente, porque han habido otras personas que recorrieron los caminos de la adicción que yo transité, y que ya no están con nosotros. Que la misma gracia de Dios ayude a las personas que están todavía atrapadas en una espiral descendente, y que se dirigen inexorablemente al desastre.

Hoy recordaré

Yo he visto la gracia maravillosa de Dios.

Meditación del día

El Cuarto Paso del Programa sugiere que hagamos un inventario moral honesto de nosotros mismos. Para muchos de nosotros, sobre todo para los recién llegados, la tarea parece imposible. Cada vez que tomamos un lápiz para hacer la lista y tratamos de dar una mirada a nuestro interior, la soberbia dice burlonamente "*No* te molestes en mirar". Finalmente, nos damos cuenta de que este tipo de soberbia y temor son como jirones de humo, las hebras borrosas tejidas en la mitología de nuestras antiguas ideas. Cuando dejamos a un lado la soberbia y el temor y finalmente hacemos un inventario estricto, sentimos alivio y un nuevo sentido de confianza inexplicable ¿He hecho un inventario? *¿He compartido sus recompensas para animar a los demás?*

Oración

Que mis inhibiciones no me impidan hacer un inventario de mí mismo. Que no llegue al Cuarto Paso y luego frene de repente porque la tarea parece agobiadora. Que sepa que mi inventario hoy, aunque sea "completo" y honrado, no sería tan completo como debiera si lo repito, dado que el proceso de autodescubrimiento continúa sin parar.

Hoy recordaré

Alabar a Dios por el progreso.

Meditación del día

"La soberbia es como un imán, apuntando constantemente a un mismo objeto, yo, que a diferencia del imán, no tiene ningún polo de atracción, sino que todos los puntos se repelen", escribió *Colton*. Cuando los primeros miembros del Programa descubrieron lo espiritualmente soberbios que podrían llegar a ser, se amonestaron entre sí para evitar ser "santos instantáneos". Esa antigua advertencia, que puede interpretarse como excusarse de aspirar a lo mejor de nosotros mismos, realmente es la forma en la que el Programa nos alerta contra ser enceguecidos por la soberbia, y por las perfecciones imaginarias que no poseemos. *¿Estoy empezando a entender la diferencia entre la soberbia y la humildad?*

Oración

Que Dios, que en su infinita misericordia ha salvado nuestras vidas, nos impida creernos como santos y profetas del Programa. Que reconozcamos el valor de nuestras experiencias para otros sin presumir por ellas. Que recordemos con humildad y amor a otros muchos veteranos del Programa que tienen mucho conocimiento de sus principios.

Hoy recordaré

Yo evitaré ser un "santo instantáneo".

Meditación del día

Casi todos nosotros sufríamos el defecto de la soberbia cuando buscamos ayuda a través del Programa, los Doce Pasos, y el compañerismo de las personas que entendían realmente lo que sentíamos y lo que habíamos sufrido. Aprendimos de nuestros errores —en particular de la soberbia— y comenzamos a reemplazar la autosatisfacción con la gratitud por el milagro de nuestra recuperación, gratitud por el privilegio de trabajar con los demás, y gratitud por el don de Dios qué nos permitió convertir la catástrofe en buena fortuna. *¿He empezado a comprender que la soberbia se relaciona con el carácter como el ático de un casa que es la parte más alta, y generalmente la más vacía?*

Oración

Dios, por favor dime si estoy ciego a mi propia soberbia. Afortunadamente para mí, el Programa tiene su propio monitor integrado de faltas como esta, una visión clara del grupo que ve en mí lo que a veces yo no puedo ver. Que sepa que todo tipo de éxito se me ha ido siempre directamente a la cabeza, y que esté alerta a medida que comienzo a reconstruir mi confianza.

Hoy recordaré

El "éxito" puede ser un infortunio.

Meditación del día

Cuando la soberbia me motiva —la esclavitud del ego— me vuelve parcial o totalmente ciego a mis obligaciones y defectos. En ese momento, lo último que necesito es consuelo. Por el contrario, necesito un amigo comprensivo del Programa, que conozca el estado en que me encuentro, un amigo que sin vacilación horade la pared que mi ego ha construido, para que la luz de la razón entre y brille nuevamente. *¿Me tomo el tiempo para repasar mi progreso, de revisarme diariamente para tratar de corregir puntualmente mis errores?*

Oración

Dios, ruego que el grupo, o simplemente un amigo sea muy sincero, reconozca las expresiones arteras de la soberbia y tenga la valentía de hacérmelas notar. Mi autoestima ha sido vapuleada por tanto tiempo, que con los primeros logros en el Programa, puede expandirse a una gran satisfacción de mí mismo. Que una perspectiva desde mi exterior me dé la imagen verdadera de cómo manejo la victoria sobre mi sobriedad, con humildad o con soberbia.

Hoy recordaré

¿Autoestima o autosatisfacción?

Meditación del día

Si continúo creciendo en el Programa, debo literalmente abrir los ojos para entender. Debo recordar que la mayor parte de mi vida he estado dedicado a engañarme terriblemente a mí mismo. El pecado de la soberbia ha sido la raíz de mucho del engaño de mí mismo, generalmente disfrazado de virtud. Debo esforzarme continuamente para descubrir la soberbia en todas sus formas sutiles, para que no me detenga y me haga retroceder nuevamente al borde del desastre. *Cuando se trata de la soberbia, ¿creo, como dijo Emerson que "es imposible que un hombre sea engañado por otra persona que no sea él mismo"?*

Oración

Que sepa que tener el pecho henchido de soberbia es inapropiado para mí como adicto en recuperación. No me permite ver mis propias faltas. Disgusta a las personas y me impide ayudar a la gente. Detiene mi progreso, dado que me hace pensar que he hecho un suficiente examen de conciencia y que estoy "curado". Ruego al Poder Superior a mí tener suficiente sentido común como para aceptar mi éxito en el Programa sin caer en la soberbia.

Hoy recordaré

La soberbia detiene el progreso.

Meditación del día

Las personas a quienes respeto y de las cuales he aprendido más en el Programa, parecen convencidas de que la soberbia es, como alguien dijo, el "pecado raíz". En la teología moral, la soberbia es el primero de los siete pecados capitales. También es considerado el más serio, separado del resto en virtud de su cualidad única. La soberbia se infiltra directamente en nuestras victorias espirituales. Se perfila en todo nuestros éxitos y logros, incluso cuando se los atribuimos a Dios. *¿Estoy bregando contra la soberbia, trabajando el Décimo Paso regularmente, enfrentándome a mí mismo con firmeza y corrigiendo lo que ha ido mal?*

Oración

Que esté constantemente en guardia contra la astucia de la soberbia, que puede entrar furtivamente en cada logro, triunfo, y afecto correspondido. Que sepa que siempre que las cosas vayan bien para mí, mi soberbia estará en primera plana, lista para recibir reconocimiento. Que esté alerta a su presencia.

Hoy recordaré

Poner a la soberbia en su lugar.

Meditación del día

Cuanto más examen de conciencia hacemos, mejor comprendemos con cuánta frecuencia reaccionamos negativamente sólo porque nuestro "orgullo ha sido herido". La soberbia es la raíz de la mayoría de mis problemas personales. Por ejemplo, cuando mi orgullo es "herido," yo casi invariablemente siento resentimiento y enojo —a veces hasta el punto de ser incapaz de hablar o pensar racionalmente. Cuando me encuentro en ese tipo de pantano emocional, debo recordarme que mi *orgullo* —y nada más que mi orgullo— ha sido herido. Tengo que hacer una pausa y tratar de calmarme hasta evaluar el problema con objetividad. *¿Cuándo mi orgullo sea herido o amenazado, rogaré para obtener humildad para poder superarme?*

Oración

Que sepa que si mi orgullo es herido, el resto de mí puede no estar afectado en absoluto. Que sepa que mi orgullo puede aguantar los golpes, y aún así volver más fuerte que nunca. Que sepa que cada vez que mi orgullo sufra un embate, es posible que se ponga más defensivo, más detestable, más irracional, más reñidor. Que mi orgullo no se sienta herido tan fácilmente ni esté tan ansioso por atribuirse los méritos.

Hoy recordaré

La humildad es la única autoridad que gobierna al orgullo.

Meditación del día

Los Doce Pasos del Programa comprenden un cuerpo *viviente* de sabiduría espiritual. En la medida en que continuemos estudiando y aplicando los Doce Pasos a nuestras vidas diarias, nuestro conocimiento y comprensión se expandirán sin límites. Como decimos en el Programa, "Se pone mejor... y mucho mejor". El Paso Once habla de la oración y de la meditación, instándonos a dedicar con calma nuestras mentes a la contemplación de la verdad espiritual. Por su naturaleza, el Paso Once ilumina para nosotros el propósito y valor de los otros pasos. Cuando buscamos a través de la oración y la meditación mejorar nuestro contacto consciente con Dios, los once pasos restantes se hacen más útiles en nuestro nuevo estilo de vida. *¿Me tomo el tiempo cada día para orar y meditar?*

Oración

Como dice el Paso Once, que trate de conocer mejor a Dios por medio de la oración y la meditación, hablando y escuchando a Dios. A medida que mi vida se hace más llena de realidades terrenales —y de virtud— que pueda siempre reservar tiempo para la comunión con Dios. Que esta comunión defina mi vida y le brinde propósito.

Hoy recordaré

Reservar tiempo para Dios.

Meditación del día

Se nos enseña en el Programa que en la meditación no hay lugar para la discusión. En un lugar y momento tranquilos de nuestra preferencia, podemos ponderar los asuntos espirituales haciendo uso de nuestra mejor capacidad, para experimentar y aprender. Nos esforzamos por lograr un estado de ser, que, posiblemente, profundice nuestro contacto consciente con Dios. No oramos por cosas, sino básicamente por el conocimiento y el poder. *Si supieras lo que Dios desea que hagas estarías contento. Estás haciendo lo que Dios desea que hagas, así que regocíjate.*

Oración

Que encuentre mi mejor manera de conocer a Dios, mi mejor técnica de meditación —ya sea usando un oración corta o "mantra" de la filosofía oriental, sustituyendo el nombre de Jesucristo, o permitiendo al espíritu de Dios, como yo lo entiendo, que se albergue en mí y me brinde la paz. De cualquier forma que descubra a Dios, que aprenda a conocerlo bien y a sentir su presencia, no sólo en momentos serenos, sino en todo lo que haga.

Hoy recordaré

La meditación me está haciendo receptivo al espíritu de Dios.

Meditación del día

Muchos meses después de haber entrado en el Programa, yo aún prestaba poca atención a la práctica seria de la meditación y la oración. Sentía que podría ayudarme en una emergencia —como si súbitamente deseara volver a mis antiguos hábitos, pero quedó en los niveles más bajos de mi lista de prioridades. En ese tiempo equiparaba la oración y la meditación con el misterio, e incluso con la hipocresía. Desde entonces, he constatado que la oración y la meditación tienen resultados más provechosos de los que yo había imaginado. Hoy, la cosecha es cada vez más abundante para mí, y continúo obteniendo tranquilidad mental y fortaleza mucho más allá de mis limitaciones humanas. *¿Está mi dolor anterior siendo reemplazado por la tranquilidad?*

Oración

Que descubra que la oración y la meditación forman la nave central del edificio de mi vida —el lugar donde mis pensamientos se congregan y se organizan. Que sienta el misterio de Dios allí, y un recurso irresistible de energía.

Hoy recordaré

La fantasía es mía. El misterio es de Dios.

Meditación del día

No existen límites para la meditación. No tiene ancho, profundidad ni altura, lo que significa que puede desarrollarse sin límites. La meditación es una cuestión individual; muy pocos de nosotros meditamos de la misma manera, y por eso, es realmente una aventura *personal*. Sin embargo, para todos los que practicamos seriamente la meditación, el propósito es el mismo: mejorar nuestro contacto consciente con Dios. A pesar de su falta de dimensiones específicas y de su intangibilidad, la meditación es la cosa más intensamente práctica que podemos hacer. Por ejemplo, uno de sus primeros beneficios, es el equilibrio emocional. ¿Que podría ser más práctico que eso? *¿Estoy ampliando y profundizando el canal de comunicación entre Dios y yo?*

Oración

Cuando busque a Dios a través de la oración y la meditación diaria, que encuentre la paz que sobrepasa el entendimiento, ese equilibrio que da perspectiva a todo en la vida. Que pueda centrarme en Dios.

Hoy recordaré

Mi equilibrio viene de Dios.

Meditación del día

Existen personas en el Programa que, al principio, rehúyen de la meditación y de la oración como si quisieran evitar un nido de serpientes cascabel. Sin embargo, cuando finalmente hacen el primer intento y dan el paso experimental, empiezan a ocurrir cosas inesperadas, empiezan a sentirse diferentes. Invariablemente, esos principios tentativos nos llevan a la verdadera creencia, a punto tal que las personas que solían burlarse de la oración y de la meditación se convierten en las más entusiastas gracias a las recompensas recibidas. Escuchamos en el Programa que "casi los únicos que se burlan de la oración son los que nunca la usaron". *¿Hay un aspecto obstinado de mí que todavía se burla?*

Oración

Que aprenda, no importa lo irrespetuoso que haya sido antes, a no burlarme de la oración; veo que el poder de la oración produce milagros a mi alrededor, y eso me hace pensar. Si me he negado a orar, que pueda ver si el orgullo se interpone en mi camino —esa soberbia antigua que insiste en hacer las cosas a su manera. Ahora que encontré un lugar en mi vida para la oración, que pueda protegerlo celosamente.

Hoy recordaré

Quien aprende a orar sigue orando.

Meditación del día

Mi contacto consciente con Dios depende completamente de mí y de mi *deseo* de Él. El poder de Dios está a mi disposición para usarlo en todo momento; tanto decida usarlo o no. Se ha dicho que "Dios está presente en todas sus criaturas, pero no todas están conscientes de su presencia". Trataré de recordar todos los días lo mucho que depende de mí darme cuenta de la influencia de Dios en mi vida. Intentaré aceptar su ayuda en todo lo que haga. *¿Recordaré que Dios sabe como ayudarme, que Él puede y desea ayudarme?*

Oración

Que siempre sea consciente de que el poder y la paz de Dios son como un pozo insondable dentro de mí. De él puedo extraer agua constantemente para refrescar y purificar mi vida. Todo lo que debo suministrar son los cubos y la cuerda. El agua es mía —gratis, fresca, sanadora y pura.

Hoy recordaré

El pozo es Dios; yo traigo los cubos.

Meditación del día

A medida que pasa el tiempo, la comunión diaria con Dios está volviéndose tan esencial para mí como respirar. No necesito un lugar especial para orar, porque Dios siempre oye mi llamada. No necesito palabras especiales para orar, porque Dios ya conoce mis pensamientos y mis necesidades. Sólo tengo que prestar atención a Dios, consciente de que Él siempre está atento a mí. *¿Sé que sólo algo bueno puede venir a mí si confío en Dios completamente?*

Oración

Que mi comunión con Dios se vuelva una parte regular de mi vida, tan natural como el latido del corazón. Que constate, a medida que me acostumbro a la actitud de la oración, que es menos importante encontrar el rincón de un cuarto, el lado de la cama, el banco en la iglesia, o incluso la hora especial del día, para orar. Que mis pensamientos se dirijan automáticamente y con frecuencia hacia Dios, toda vez que haya un intervalo en mis tareas o necesite orientación.

Hoy recordaré

Dejar que la oración se vuelta un hábito.

Meditación del día

Cuando vine por primera vez al Programa, yo pensaba que la humildad era sólo otra palabra para decir debilidad. Gradualmente aprendí que no hay nada incompatible entre la humildad y el intelecto, siempre que coloque la humildad en primer lugar. Se me ha dicho que tan pronto como comience a hacerlo recibiré el don de la fe —una fe que funcionará para mí como para innumerables personas liberadas de sus adicciones y que encontraron una nueva forma de vida en el Programa. *¿He comenzado a creer, como dice Heine, que "Los actos de los hombres son como el índice de referencia de un libro; indica lo que es más destacado en ellos..."?*

Oración

Que nunca deje que mi inteligencia sea una excusa para carecer de humildad. Es muy simple, si me considero lúcido y capaz de tomar mis propias decisiones y hacerme cargo de mis asuntos, no despreciar la humildad como si fuera propiedad de las personas menos inteligentes. Que recuerde que la inteligencia y la humildad son gracias de Dios.

Hoy recordaré

Si no tengo humildad, no tengo inteligencia.

Meditación del día

¿Qué es exactamente la humildad? ¿Significa que debemos ser sumisos, aceptando todo lo que venga a nosotros, no importa lo humillante que sea? ¿Significa rendirse a la deshonestidad y a un estilo de vida destructivo? Todo lo contrario. El ingrediente básico de toda humildad es simplemente un deseo de buscar y hacer la voluntad de Dios. *¿Estoy comenzando a entender que una actitud de verdadera humildad me confiere dignidad y gracia, fortaleciéndome para tomar una acción espiritual inteligente para resolver mis problemas?*

Oración

Que descubra que la humildad no es adular ni hacer reverencia, arrodillarse o dejar que la gente me falte al respeto —todos con las expectativas integradas de recibir cierto tipo de recompensa, como la aprobación o la simpatía. La humildad verdadera es el conocimiento del inmenso amor y poder sin fin de Dios, es la perspectiva que me dice de qué manera me relaciono, como ser humano, con ese Poder Divino.

Hoy recordaré

La humildad es el conocimiento de Dios.

Meditación del día

Hay algunos "absolutos" en los Doce Pasos del Programa. Podemos empezar en cualquier punto que podamos. Dios, como nosotros lo entendemos, puede definirse simplemente como un "poder mayor"; para muchos de nosotros en el Programa, el mismo grupo fue el primer "poder mayor". Y esto es relativamente fácil de admitir si un recién llegado al Programa sabe que muchos de sus miembros están sobrios y libres de sustancias adictivas, y él o ella no lo está. Este reconocimiento es el principio de la humildad. Quizás por primera vez, el recién llegado está dispuesto, por lo menos, a negar que él o ella, es Dios. *¿Es mi conducta más convincente que mis palabras para las personas nuevas en el Programa?*

Oración

Que defina y descubra mi propio Poder Superior. Cuando esa definición sea más clara y más cercana a mí, que no insista en que mi interpretación es la correcta. dado que cada uno de nosotros debe encontrar su propio Poder Superior. Si alguien recién llegado al Programa se siente irreligioso y solo, el poder del grupo puede ser suficiente al principio. Que nunca desmerezca el poder del grupo.

Hoy recordaré

El poder de grupo puede ser un Poder Superior.

Meditación del día

Hemos oído decir que todo el progreso logrado en el Programa puede resumirse y medirse en dos palabras: humildad y responsabilidad. También se dice que nuestro desarrollo espiritual total puede medirse precisamente por nuestro nivel de adhesión a esas normas. Como cofundador del AA, Bill W. lo expresó así, "Una profunda humildad, acompañada de una mayor voluntad de aceptar y hacer frente a la responsabilidades, es verdaderamente la piedra angular para todo nuestro crecimiento en la vida del espíritu". *¿Soy responsable?*

Oración

Ruego que de todas las palabras buenas y de las frases contagiosas y las chispas de inspiración que lleguen a mí, yo recuerde especialmente dos: humildad y responsabilidad. Pueden ser las más difíciles de conseguir —la humildad porque significa desalojar a mi soberbia, la responsabilidad porque tengo la costumbre de usar mi adicción como una excusa débil para zafarme de las obligaciones. Ruego que pueda distanciarme de estos antiguos patrones de conducta.

Hoy recordaré

Primero la humildad, luego la responsabilidad.

Meditación del día

Mi padrino me animó a que buscara primero un poco de humildad. "Si no lo haces", dijo él, "estás aumentando el riesgo de ser como antes". Después de cierto tiempo, a pesar de toda una vida de ser rebelde, acepté su consejo y comencé a practicar la humildad, simplemente porque creía que era lo más correcto a hacer. Ojalá que llegue el día cuando la mayor parte de mi rebeldía sea sólo un recuerdo, para luego practicar la humildad porque deseo profundamente que sea un estilo de vida. *¿Puedo intentar hoy dejar el ego a mis espaldas y buscar la humildad del autoolvido?*

Oración

Dado que yo —como mucha gente adicta a las drogas o a otro tipo de dependencia, soy rebelde, que sepa que necesitaré practicar la humildad. Que reconozca que esa humildad no llega fácilmente a una naturaleza rebelde como la mía, tanto sea un rebelde estridente, un pesimista terco o, más sutilmente e indirectamente, alguien decidido a cambiar todo excepto a mí mismo. Ruego que practicar la humildad se haga espontáneo para mí.

Hoy recordaré

Tener la costumbre de la humildad.

Meditación del día

Como recién llegado al Programa, me dijeron que admitir mi impotencia frente al alcohol fue mi primer paso para liberarme de sus garras mortales. Muy pronto comprendí la verdad de ese hecho. En relación a eso, rendirse era imprescindible. Pero era sólo un pequeño paso para adquirir la humildad. He aprendido en el Programa que estar dispuesto a esforzarme a obtener la humildad —como algo a desear en sí mismo— toma a la mayoría de nosotros un tiempo largo, muy largo. *¿Comprendo que toda una vida concentrada en ser egocéntrico no puede cambiar en un segundo?*

Oración

Que considere a mi propia humildad como una cualidad que debo cultivar para sobrevivir, no sólo admitir que soy impotente frente a mi conducta compulsiva. El Primer Paso es simplemente eso, el primer paso, en la dirección de adquirir una actitud de humildad. Que tenga la sensatez para saber que esto puede tomar la mitad de mi vida.

Hoy recordaré

La soberbia fracasó; es hora de dar una oportunidad a la humildad.

Meditación del día

A veces escuchamos que la humildad se define como la condición de ser "educables". En ese sentido, la mayoría de los que participamos en el Programa, capaces de librarnos de la adicción activa, obtuvimos una noción por lo menos superficial de la humildad, o nunca hubiéramos aprendido a apartarnos del primer trago, el primer tranquilizante, la primera "apuesta colateral," y otros actos destructivos similares para aquellos que somos impotentes frente a nuestras respectivas adicciones. *¿Veo el crecimiento de la humildad como un camino de mejora continua?*

Oración

Ahora que he comenzado a desarrollar la humildad, que pueda mantenerla. Que acepte la voluntad de Dios y las sugerencias de mis amigos en el grupo. Que siga siendo educable, pudiendo ser confrontado, receptivo, y consciente que debo permanecer así para ser sano.

Hoy recordaré

Poder ser confrontado.

Meditación del día

Muchos de nosotros en el Programa nos aferrábamos obstinadamente a ideas y posiciones falsas simplemente porque temíamos quedar indefensos si admitíamos haber estado equivocados. La idea de "ceder" todavía parece desagradable para algunos de nosotros. Pero comprendemos que nuestra autoestima se eleva cuando podemos empujar a la soberbia a un segundo plano y enfrentar verdaderamente los hechos. Es posible que las personas sinceramente humildes tengan una autoestima más genuina que aquéllos que repetidamente hemos sido víctimas de la soberbia. *¿Me impide, la soberbia, engañosamente, prestar atención completa y continua al Décimo Paso?*

Oración

"Que la soberbia se aparte de mí, ahora que encontré un camino a seguir. Que evite el ciclo conocido y destructivo del orgullo —cuando el ego se infla como un enorme globo para luego desinflarse con un silbido. Que aprenda el valor de "ceder".

Hoy recordaré

La soberbia es el enemigo mortal de la autoestima.

Meditación del día

"Nada es suficiente para el hombre para quien suficiente es demasiado poco", escribió al filósofo griego Epicúreo. Ahora que estamos libres de la adición, para reconstruir nuestro autorrespeto y recuperar la estima de familiares y amigos, tenemos que evitar presumir de nuestro flamante éxito. Para la mayoría de nosotros, el éxito ha sido siempre una bebida embriagante, incluso en nuestra nueva vida sigue siendo posible caer en la trampa peligrosa de creerse un gran personaje. Para protegernos debemos recordar que hoy estamos libres de la adición sólo por la gracia de Dios. *¿Recordaré que todo éxito es mucho más de Él que mío?*

Oración

Que recuerde constantemente que he encontrado la libertad a través de la gracia de Dios —para no permitir que mi soberbia me convenza de que lo hice todo yo solo. Que aprenda a manejar el éxito atribuyéndoselo a un Poder Superior, no a mi propia superioridad cuestionable.

Hoy recordaré

Aprender a manejar el éxito.

Meditación del día

Ya no discuto más con personas que creen que la satisfacción de nuestros deseos naturales es el propósito primario de la vida. No nos atañe a nosotros en el Programa criticar el logro material. De hecho, cuando lo pensamos, ningún otro grupo de personas trató de usar la fórmula de la "vida loca" como lo hicimos nosotros. Siempre insistimos en tener más de lo que merecíamos —en todos los respectos. E incluso cuando parecíamos tener éxito, alimentábamos nuestras adicciones para soñar con más éxitos aún. *¿Estoy aprendiendo que las satisfacciones materiales son sencillamente productos secundarios y no el objetivo principal de la vida? ¿Estoy obteniendo la perspectiva necesaria para ver que esos valores espirituales y de edificación de carácter deben venir primero?*

Oración

Que reconozca que, basado en mi experiencia pasada, nunca lidié muy bien con los excesos, y tuve la tendencia a "querer más" de cualquier cosa que poseía, como amor, dinero, propiedades, objetos, drogas, comidas, ganancias de apuestas. Que el Programa me enseñe a concentrarme en mi tesoro espiritual, no el material.

Hoy recordaré

Está bien codiciar mucha espiritualidad.

Meditación del día

He comenzado a medir el éxito de una forma totalmente nueva. Mi éxito hoy no está limitado por referencias sociales o económicas. El éxito es mío hoy, no importa el esfuerzo que lleve, cuando conecto con el poder de Dios dentro de mí y me convierto en un canal propicio para la expresión de su bondad. El espíritu de éxito obra a través de mí con una mayor visión y comprensión, como ideas creadoras y en el servicio útil a los demás —como el uso eficaz de mi tiempo y energía, y como un esfuerzo cooperativo con los demás. *¿Intentaré tener mi mente centrada en el convencimiento que dentro de mí esta implantado el poder de Dios para tener éxito?*

Oración

Que desarrolle un nuevo concepto del éxito, basado en las medidas de las buenas cualidades que vienen del tesoro de Dios —un banco lleno de bondad. Para hacer retiros de ese banco, todo lo que tengo que hacer es mirar dentro de mí. Que sepa que las riquezas de Dios son las únicas que están totalmente aseguradas, porque son infinitas. Que mire en el banco de Dios para mi seguridad.

Hoy recordaré

El "éxito" espiritual es mi seguridad.

Meditación del Día

Un poeta una vez dijo que la adversidad presenta el hombre a sí mismo. Para mí, es lo mismo que la adversidad imaginada. Si espero que otra persona reaccione de cierta manera en una situación dada y ella no satisface mi expectativa —bien, entonces no tengo el derecho a sentirme defraudado o enfadado. Ocasionalmente, todavía tengo sentimientos de frustración cuando las personas no actúan o reaccionan cuando pienso que debieran hacerlo. A través de esa adversidad imaginada, o más bien, que me causé a mí mismo, me topé cara a cara con mi antiguo ego, el que quería controlar todo. *¿Ha llegado para mí el momento de finalmente dejar de esperar y empezar a aceptar?*

Oración

Que deje de poner palabras en la boca de las personas, programándolas —en mi mente— para que reaccionen como espero. Las expectativas me han engañado antes: yo esperé amor abundante y protección de mis seres queridos, perfección de mí mismo, la atención exclusiva de gente conocida. En el lado adverso, anticipaba fracasar, y ser rechazado por los demás. Que deje de pedir prestados del futuro problemas o triunfos.

Hoy recordaré

Aceptar. No esperar.

Meditación del día

"Logramos éxito en actividades que exigen tener las cualidades positivas que poseemos", escribió de Tocqueville, "pero nos destacamos en las que hacen, además, uso de nuestros defectos". Nosotros aprendemos en el Programa que nuestros defectos tienen valor —al punto que los usamos como punto de partida para el cambio y como el camino para cosas mejores. El miedo puede ser un escalón para la prudencia, por ejemplo, así como para respetar a los demás. El miedo también puede ayudarnos a alejarnos del odio y de volcarnos hacia la comprensión. De la misma manera, el orgullo puede llevarnos hacia el camino de la humildad. *¿Soy consciente hoy de la dirección a la que me dirijo? ¿Me importa dónde voy?*

Oración

Ruego que mi Poder Superior me muestre cómo usar mis defectos en forma positiva, porque nada —ni el miedo, ni el egoísmo ni la codicia— es del todo malo. Que confíe en que cada cualidad que me lleva a los problemas tiene un lado opuesto que puede alejarme de ellos. Por ejemplo, el orgullo, no puede agrandarse indefinidamente sin estallar porque es, en realidad, sólo aire caliente. Que aprenda de mis debilidades.

Hoy recordaré

Las buenas noticias vienen de las malas.

Meditación del día

Antes de venir al Programa, yo era como un actor que insistía en escribir el libreto, producir, dirigir y, en definitiva, controlar toda la obra. Tenía que hacerlo todo a *mi* manera, tratando siempre de arreglar repetidamente las luces, el texto, el escenario y, especialmente, la interpretación de los actores. Sólo si mis cambios prevalecieran, y la gente se comportara como yo deseaba, el espectáculo sería fantástico. El engaño a mí mismo me llevó a creer que si todas las personas se reformaran, todo estaría bien. Por supuesto, nunca funcionó de esa manera. *¿No es asombroso ver cómo la gente parece estar "reformándose" ahora que he dejado de tratar de manejar a todo y a todos?*

Oración

Que me convenza de no tener el antiguo impulso de controlar a todo y a todos. Hubo un tiempo en que, si no podía manejarlo todo abiertamente, lo hacía indirectamente, mediante manipulación y reuniones secretas. Que sepa que si soy la persona que siempre está manejando los hilos de las marionetas, entonces también soy yo el que siente la frustración cuando se desploman o se caen fuera del escenario

Hoy recordaré

Yo sólo puedo "reformarme" a mí mismo.

Meditación del día

Aunque nosotros vinimos al Programa para tratar con un problema específico, pronto nos dimos cuenta que no sólo encontraríamos la liberación de la adicción, sino además la libertad para vivir en el mundo real sin miedo ni frustración. Nosotros aprendimos que las soluciones están dentro nuestro. Con la ayuda de mi Poder Superior, yo puedo enriquecer mi vida con el consuelo, la dicha y la serenidad profunda. *¿Estoy cambiando de ser mi peor enemigo a mi mejor amigo?*

Oración

Que alabe a mi Poder Superior por mis libertades —de la adicción, de la quiebra espiritual, de la soledad, del miedo, del sube y baja del orgullo, de la desesperación, de los engaños, de la superficialidad, de la perdición. Doy gracias por el estilo de vida que me han dado estas libertades y por haber reemplazado los espacios vacíos con bondad adicional y tranquilidad mental.

Hoy recordaré

Agradecer por todas mis libertades.

Meditación del día

"Lo que tienes puede parecer pequeño; tú deseas mucho más. Observa a los niños metiendo sus manos en una jarra de cuello estrecho, tratando de sacar las golosinas. Si ponen demasiado en su mano, no podrán sacarla y se pondrán a llorar. Cuando suelten algunos dulces, podrán sacar el resto. Tú también, abandona tu deseo, no codicies tanto". *Epíteto.* Que no espere demasiado de nadie, particularmente de mí. Debo aprender a conformarme con menos de lo que deseo, y estar dispuesto a aceptarlo y apreciarlo. *¿Acepto con agradecimiento y amabilidad todo lo bueno que ya ha llegado a mí dentro del Programa?*

Oración

Que busque en mi alma esos pequeños pero fuertes impulsos de anhelar algo más, porque me impiden deleitarme con todo lo que ya tengo. Si puedo enseñarme a mí mismo a no desear ni esperar demasiado, entonces, cuando no se satisfagan esas expectativas, no me decepcionaré. Que acepte de buena gana lo que me ha brindado la gracia de Dios.

Hoy recordaré

Yo, sólo puedo concederme la "libertad de no anhelar demasiado".

Meditación del día

En los primeros días en el Programa, nos liberamos del alcohol y de las píldoras. Tuvimos que deshacernos de las drogas, porque sabíamos que, con seguridad, nos hubieran matado. Nos liberamos de las sustancias adictivas, pero no podíamos liberarnos de nuestras adicciones hasta hacer un esfuerzo adicional de actuar. Además tuvimos que aprender a desechar la compasión por nosotros mismos, la autojustificación, el sentimiento de creernos muy justos, y la obstinación. Teníamos que bajarnos usando la escalera destartalada que presuntamente nos guiaría al dinero, posesiones y prestigio. Así que tuvimos que tomar la responsabilidad personalmente. Para obtener la humildad y el autorrespeto suficiente para mantenernos vivos, tuvimos que descartar nuestras posesiones más preciadas: nuestra ambición y nuestro orgullo. *¿He roto los grilletes que me tenían amarrado?*

Oración

Que dé reconocimiento a mi Poder Superior por quitarme no sólo mi adicción, sino además por enseñarme a quitar mi antiguo ego exigente y prepotente de todas las relaciones espirituales y terrenales. Estoy inmensamente agradecido por todas las cosas que aprendí y desaprendí, con mi propia fe y la gracia de Dios.

Hoy recordaré

Agradecido por la gracia de Dios.

Meditación del día

El Programa nos muestra cómo transformar en realidad y en propósitos firmes los sueños ilusorios del pasado, junto con un conocimiento mayor del poder de Dios en nuestras vidas. Se nos dice que está bien tener la cabeza en las nubes pensando en Él, pero los pies deben permanecer firmes en este mundo. Aquí es donde está la gente, y aquí es donde debemos hacer nuestro trabajo. *¿Veo algo incompatible entre la espiritualidad y una vida útil en este mundo terrenal?*

Oración

Que mi nueva "realidad" no sólo incluya las herramientas y recursos necesarios para mi diario vivir, sino además mi realidad espiritual, mi creciente conocimiento de la presencia de Dios. Que esta nueva realidad tenga espacio también para mis sueños —no los desvaríos fantasiosos del pasado causados por las drogas o los restos de mis delirios, sino los frutos de una imaginación sana. Que respete esos sueños, los afirme con las posibilidades de este mundo y los convierta en una creatividad útil.

Hoy recordaré

El paraíso celestial tiene un lugar en este mundo.

Meditación del día

Nuestra fe en el poder de Dios —obrando en nosotros y en nuestras vidas— no nos exime de responsabilidades. Por el contrario, nuestra fe fortalece nuestros esfuerzos, nos hace más seguros y confiados, y nos permite actuar en forma decidida y sabia. Ya no tenemos el temor de tomar decisiones, no tenemos miedo de dar los pasos necesarios para lidiar debidamente con una situación en particular. *¿Creo que Dios obra más allá de mis esfuerzos humanos, y que mi fe y confianza en Él producirá resultados que excedan mis expectativas?*

Oración

Que nunca vacile en la confianza en mi Poder Superior. Que mi fe en ese poder continúe apoyando mi optimismo, mi confianza, mi convencimiento en la toma de mis decisiones. Que nunca cierre los ojos a la obra maravillosa de Dios o desestime la sabiduría de sus soluciones.

Hoy recordaré

Nuestra esperanza de antaño, nuestra ayuda en los años venideros.

Meditación del día

A diferencia de lo que piensan algunas personas, nuestro lema *Dejar todo en las manos de Dios* no es una expresión de apatía, de derrota, o de no estar dispuesto a aceptar las responsabilidades. Las personas que dan la espalda a sus problemas no "dejan todo en las manos de Dios" por el contrario, están abandonando su promesa de actuar bajo la inspiración y guía de Dios. Ellas no piden ni esperan ayuda, ellas quieren que Dios lo haga todo. *Al buscar la guía de Dios, ¿comprendo que la responsabilidad principal es la mía?*

Oración

Que no me permita ser perezoso sólo porque pienso que, de todas manera, Dios va a hacerlo todo. (Esa apatía me recuerda a mi antiguo ego impotente, el que se quejaba de que el mundo estaba decayendo, la civilización se deterioraba sin remedio, y que no había nada que pudiera hacer al respecto.) Tampoco usaré "dejar que Dios obre", como excusa para desinteresarme de mis problemas sin siquiera hacer un esfuerzo. Que Dios sea mi inspiración; que yo pueda ser un instrumento de Dios.

Hoy recordaré

Dios guía a los que se ayudan a sí mismos.

Meditación del día

Si eres un pesimista y no estás listo todavía para hacer el cambio, he aquí algunas pautas que te mantendrán desdichado, si así lo desearas. Primero, no vayas a las reuniones del Programa, especialmente a los grupos de discusión. Si por casualidad te encontraras en una reunión, mantén tu boca cerrada, tus manos en los bolsillos, y la mente cerrada. No trates de resolver ninguno de tus problemas, nunca te rías de ti mismo, y no confíes en las otras personas en el Programa. Sobre todo, bajo ninguna condición debes tratar de vivir en el momento presente. *¿Estoy consciente que el pesimismo significa que me tomo demasiado en serio en todo momento, sin tiempo para reír ni para vivir?*

Oración

Si me siento pesimista, que pueda mirarme en el espejo del grupo para ver el reflejo de un síntoma de mente cerrada; labios apretados, una sonrisa forzada, mandíbula fija, una mirada fija hacia adelante, y sin una pizca de humor. Dios, otórgame la capacidad de reírme de mí mismo, con frecuencia, porque necesito esa risa para hacer frente a la diaria conmoción de vivir.

Hoy recordaré

Reírme de mí mismo.

Meditación del día

Se ha dicho que "Somos lo que hacemos". En el Programa se nos recalca una y otra vez que nuestros pensamientos y acciones hacia los demás dan color y forma a nuestras vidas espirituales. Las palabras y los actos de bondad, generosidad, consideración y perdón sirven para fortalecer esas cualidades en nuestro interior, y para acrecentar nuestra conciencia del amor de Dios. *¿Cuando le pido a Dios que oriente y guíe mi vida, estoy también pidiendo que tome control y me guíe donde desee?*

Oración

Que haga un esfuerzo resuelto por demostrar la forma en que quiero ser afectuoso, clemente, amable y considerado. Que esté consciente que cada acto pequeño y atento lleva el eco del cuidado de Dios. Dado que Dios amó tanto al mundo; que su amor sea nuestro ejemplo.

Hoy recordaré

Somos lo que hacemos.

Meditación del día

En una reunión realizada en una iglesia, vi en un vitral de color la siguiente inscripción, "Dios es amor". Por alguna razón, mi mente cambió el orden de las palabras a "Amor es Dios". Observando a mi alrededor comprendí que ambas formas son correctas y verdaderas y tomé más conciencia del espíritu de amor y poder en la pequeña sala de reunión. Continuaré buscando ese amor y poder superior a mí, siguiendo los principios del Programa como si mi vida dependiera de él —porque así es. *¿Mi vida hoy significa vivir en forma activa, con alegría y bienestar?*

Oración

Que sienta el espíritu de amor que da su energía a nuestras oraciones. Que sienta la unidad de esta sala, la concentración de amor que da su poder al grupo. Que sienta el amor ejemplar de un Poder Superior, que resuena en nuestro amor.

Hoy recordaré

El amor es Dios.

Meditación del día

Nuestro antiguo enemigo obstinado usa una máscara, confrontándome con esta racionalización: "¿Por qué debo apoyarme en Dios? ¿No me ha dado Él la inteligencia para pensar por mi cuenta?". Tengo que hacer una pausa cuando esos pensamientos vienen a mi mente, recordando que confiando sólo en mis recursos nunca hubiera podido provocar los resultados que deseados. No soy autosuficiente, ni conozco todas las respuestas; eso es lo que la amarga experiencia me enseña. *¿Sé que necesito la guía de Dios? ¿Estoy dispuesto a aceptarla?*

Oración

Ruego que, cuando me haga más fuerte en mi convicción y en mi sobriedad, no desdeñe mi dependencia en un Poder Superior a mí mismo. Que continúe orando para tener su guía, incluso cuando las cosas parecen estar avanzando fácilmente. Que sepa que necesito mi Poder Superior tanto en momentos de triunfo como en momentos de derrota.

Hoy recordaré

La autosuficiencia es un mito ateo.

Meditación del día

La mayoría de nosotros en el Programa nos sentimos más cómodos con la decisión de que *hoy* no tomaremos la primera copa, que con la promesa o "voto" que hicimos de *nunca más volver a beber*. Declarar "Tengo la intención de no beber nunca más" es muy diferente a decir "Nunca más volveré a beber". La última declaración se parece mucho a la obstinación; no da cabida a la idea de que Dios eliminará nuestra obsesión de beber si practicamos los Doce Pasos del Programa un día la vez. *¿Continuaré luchando contra la autosatisfacción, comprendiendo que yo siempre estaré prácticamente a apenas a una copa de distancia del desastre?*

Oración

"Nunca más" exige un gran compromiso, incluso para los más fuerte entre nosotros. Nuestras vidas pasadas estaban llenas de promesas de "nunca más" y "no lo haré más," promesas que se incumplían antes del próximo amanecer. Que pueda por el momento fijar mis metas a estar sobrio un día a la vez.

Hoy recordaré

Nunca decir "nunca más".

Meditación del día

"No hay mucho beneficio en darme algo. Es mucho más beneficioso permitirme hacer algo por mí mismo", escribió *Emerson*.

Se me enseñó en el Programa que empiezo a usar mi voluntad debidamente cuando trato de conformarla a la voluntad de Dios. En el pasado, la mayoría de mis problemas era el resultado del uso indebido de la fuerza de voluntad. Siempre traté de usarla como si fuera un gran martillo, para resolver mis problemas o cambiar las condiciones de mi vida. *¿Veo que el propósito principal de los Doce Pasos es ayudarme a encauzar mi voluntad de acuerdo con las intenciones que tiene Dios para mí?*

Oración

Que oriente mi fuerza de voluntad a un canal donde pueda recibir la voluntad de Dios. Que ya no use mi fuerza de voluntad, que en el pasado ha demostrado ser muy fuerte como si fuera obstinación. Que piense que mi voluntad es sólo una extensión de la voluntad de Dios, buscando siempre orientación.

Hoy recordaré

Usar mi fuerza de voluntad de buena gana, no con obstinación.

Meditación del día

Cuando finalmente me convenzo de abandonar un problema que me atormentaba —cuando tomo la acción de abandonar mi voluntad y permito a Dios que se encargue del problema— mi tormento mengua inmediatamente. Si continuo no estorbándome a mí mismo, las soluciones empiezan a manifestarse y a revelarse. Cada vez más, comienzo a aceptar las limitaciones de mi comprensión y poder humanos. Cada vez más aprendo a entregar mi voluntad y a confiar en mi Poder Superior por las respuestas y la ayuda. *¿Mantengo presente en mi mente que sólo Dios lo sabe todo y es omnipotente?*

Oración

Si me encuentro con una piedra en el camino, que aprenda a esquivarla y dejar que Dios la retire. Que comprenda mis limitaciones humanas para resolver problemas, dado que nunca puedo predecir las soluciones de Dios hasta que no las veo ocurriendo. Que sepa que cualquiera sea la respuesta que yo tenga, Dios tendrá una mejor.

Hoy recordaré

Dios tiene una respuesta mejor.

Meditación del día

Mientras siga aferrándome obstinadamente a la convicción de que puedo vivir solamente por mi fuerza individual e inteligencia, no me será posible tener fe activa en mi Poder Superior. Esto es verdad no importa lo mucho que crea que Dios existe. Mis creencias religiosas —no importa cuán sinceras sean— permanecerán exánimes para siempre si continúo tratando de ser Dios. Lo cierto es que mientras sigamos dando prioridad a nuestra autosuficiencia, no nos será posible confiar realmente en un Poder Superior. *¿Qué tan fuerte es mi deseo de buscar y hacer la voluntad de Dios?*

Oración

Ruego no tener más confianza en mí mismo que en Dios. Que sepa que no existe contradicción entre ser responsable de mis propios actos, que me han dicho es la esencia de la madurez, y acudir a Dios por orientación. Que recuerde que seguir acatando la regla de "hacerlo yo mismo", es como rehusarse a pedir un mapa de carreteras en una oficina de de turismo, y vagar sin rumbo, eternamente perdidos.

Hoy recordaré

Madurez es saber dónde pedir ayuda.

Meditación del día

Con frecuencia vemos a gente en el Programa —al parecer con mucha devoción y sinceridad— pedir orientación a Dios en asuntos que van desde crisis mayores a cosas insignificantes como qué servir en una fiesta. Aunque puedan tener buenas intenciones, esas personas tienden a forzar su voluntad en todo tipo de situaciones —con la convicción que estaban siguiendo las instrucciones específicas de Dios. En realidad, este tipo de oración no es nada más que una demanda interesada sin tener en cuenta al prójimo, para que Dios nos "responda", que tiene poco que ver con el Paso Once sugerido por el Programa. *¿Me esfuerzo regularmente para estudiar cada uno de los Doce Pasos, y para practicarlos en todos mis asuntos?*

Oración

Que no cometa el error común de hacer una lista de mis soluciones, para pedirle a Dios su aprobación divina. Que pueda contenerme si no estoy realmente abriendo mi mente a la guía de Dios, sino básicamente presentando mis respuestas con la actitud de "¿qué piensas de esto?".

Hoy recordaré

¿Estoy buscando la aprobación de Dios?

Meditación del día

"Las dificultades son como las diligencias de Dios, y cuando se nos envía a hacerlas, no debemos considerarlo como una prueba de la confianza de Dios", escribió *Beecher*. He llegado a comprender que mis problemas pasados fueron realmente creados por mí. A pesar de que casi no lo pensé en ese momento, yo era el ejemplo principal de lo que el Programa llama "egoísmo y egocentrismo". Hoy, aceptaré mis dificultades como indicadores del crecimiento, y como prueba de la confianza de que Dios tiene en mí. *¿Creo que Dios nunca me dará más de lo que puedo abarcar?*

Oración

Que crea intensamente que Dios tiene confianza en mí para manejar mis problemas, que las dificultades que debo enfrentar están en proporción directa a mi fuerza y habilidad para soportar y mantener la calma en una crisis. Que también entienda que es mi fe en Dios lo que impide que me desmorone.

Hoy recordaré

Dios tiene fe en mí, porque tengo fe en Dios.

Meditación del día

¿Me he detenido alguna vez a pensar que el impulso a "aliviar las válvulas" y decir algo cruel o incluso perverso me dolcrá mucho más a mí, si se le da seguimiento, que a la persona a quien se dirige el insulto? Debo constantemente calmar mi mente antes de actuar con impaciencia u hostilidad, porque mi mente puede ser, verdaderamente, la enemiga más aguerrida que haya conocido jamás. *¿Miraré antes de saltar, pensaré antes de hablar, y trataré de evitar la obstinación lo más que pueda?*

Oración

Que recuerde que mis estallidos y explosiones de ira, cuando sean torrentes de acusaciones o insultos, me afectan tanto a mí como a la otra persona. Que no permita que mi enojo llegue al punto de estallar, reconociéndolo a medida que avanzo y declarándolo como un hecho.

Hoy recordaré

Tener un válvula de alivio en la caldera.

Meditación del día

Antes de venir al Programa —incluso, antes de cono-cer la existencia del Programa— yo floté de crisis en crisis. De vez en cuando, intenté usar mi voluntad para trazar un nuevo curso; sin embargo, como una nave a la deriva, encallé inexorablemente una vez más en las rocas de mi propia desesperación. Hoy, por el contrario, recibo la orientación de mi Poder Superior. A veces, la única respuesta es una sensación de paz o una convicción de que todo marcha bien. *Aunque a veces haya que esperar para ver resultados, o antes de la llegada de la guía directa, ¿trataré de permanecer confiado que todo se soluciona para el mejor provecho de todas las personas involucradas?*

Oración

Que no espere una comunicación verbal instantánea con mi Poder Superior, como si fueran las instruc-ciones de cómo tomar un medicamento. Que tenga paciencia para escuchar y sentir la presencia de Dios. Que acepte mi nuevo sentimiento de simpatía y la serenidad radiante como la forma que tiene Dios de asegurarme que estoy, finalmente, haciendo buenas elecciones.

Hoy recordaré

Paciencia: el mensaje de Dios llegará.

Meditación del día

Últimamente, cuando paso por una experiencia nueva y exigente, lo hago con un espíritu de confianza y fe. Gracias al Programa y los Doce Pasos, llegué a comprender que Dios está conmigo en todos los lugares y en todos mis esfuerzos. Su Espíritu está en mí así como en las personas a mi alrededor. Como resultado, me siento a gusto en nuevas situaciones e incluso entre gente desconocida. *¿Continuaré aplicándome y creciendo en el Programa, confiando en el poder y el amor de Dios obrando en mí y en mi vida?*

Oración

Que el consuelo de Dios esté conmigo en todas las situaciones, conocidas o nuevas. Que Él reconstruya el puente tambaleante de mi confianza. Que reconozca a Dios en mí y en los demás a mi alrededor. Que la identidad mutua en Dios me ayude a comunicarme honestamente con la gente. Si puedo aprender a confiar en Dios, puedo aprender a confiar en la gente que comparte este mundo conmigo.

Hoy recordaré

Dios me enseña a confiar.

Meditación del día

Un amigo en el Programa me habló de un himno favorito de su niñez: "Abre mis ojos para que pueda tener un visión fugaz de la verdad que guardas para mí". En realidad, eso es exactamente lo que el Programa ha hecho por mí –ha abierto mis ojos para ver la verdadera naturaleza de mi adicción, así como también la verdadera naturaleza de la vida feliz que puede ser mía si practico los principios de los Doce Pasos del Programa de recuperación. *¿Estoy mejorando a través de la oración y la meditación mi visión interna, para ver más claramente el amor y el poder de Dios que operan en mí y a través de mí?*

Oración

Que cada fulgor de verdad que detecte, a medida que practico los Doce Pasos, comience a tener el brillo sereno de una estrella fija. Que sepa que esas estrellas son todo lo que necesito para trazar mi curso y navegar seguramente. Que ya no sienta la necesidad frenética de parar en todo puerto desconocido en mi camino en busca de orientación. Estas estrellas están siempre ahí para orientarme.

Hoy recordaré

Encontrar las estrellas fijas y apegarme a ellas.

Meditación del día

Alguno de nosotros en el Programa tenemos la tendencia a cometer el error de pensar que los pocos momentos que dedicamos para orar y meditar, para "hablar con Dios" —son todo lo que importa. La verdad es que la actitud que mantengamos durante todo el día es igualmente importante. Si por la mañana nos ponemos en manos de Dios y seguimos el resto del día prontos para aceptar su voluntad, manifestada en los sucesos cotidianos, nuestra actitud de aceptación se transforma en una oración constante. *¿Puedo tratar de cultivar una actitud de aceptación total cada día?*

Oración

Que mantenga contacto con mi Poder Superior durante todo mi día, no sólo de vez en cuando, mientras rezo. Que mi comunión con Dios nunca se vuelva meramente casualidad. Que sepa que cada vez que hago algo acorde a la voluntad de Dios estoy viviendo una oración.

Hoy recordaré

La oración es una actitud.

Meditación del día

Algunas personas son tan aprensivas que les preocupa no tener nada en que preocuparse. A veces, las personas recién llegadas al Programa piensan, por ejemplo, "Esto es demasiado bueno, no durará mucho". Sin embargo, la mayoría de nosotros tenemos muchas cosas tangibles en la vida en que preocuparnos —el dinero, la salud, la muerte y los impuestos, para nombrar sólo algunas. Pero el Programa nos dice que el antídoto comprobado para la aprensión y el miedo es la confianza —no en nosotros, sino en nuestro Poder Superior. *¿Continuaré creyendo que Dios podrá y evitará el desastre que me espanta día y noche? ¿Creeré que si el desastre golpea a mi puerta, Dios me permitirá hacerle frente?*

Oración

Que comprenda que el hábito de preocuparse, que crece de temores más amplios, incluso desconocidos, requiere de más que tiempo para conquistarlo. Como muchas personas dependientes, he vivido por tanto tiempo con la preocupación que se ha vuelto mi constante compañera. Que mi Poder Superior me enseñe que hacer migas con la preocupación es una pérdida de mi energía y desperdicia mis horas constructivas.

Hoy recordaré

Tirar por la borda el hábito de preocuparme demasiado.

Meditación del día

A veces, en uno de esos días malos que todos nosotros tenemos de vez en cuando, nos parece que Dios no quiere que estemos contentos aquí en la tierra y, para los que creemos en la vida después de la muerte, parecería que Él nos exige dolor y sufrimiento en esta vida como pago por la felicidad en la próxima. El Programa me enseña que es exactamente lo contrario. Dios quiere que yo sea feliz ahora en este mundo terrenal. Si dejo que Dios obre, Él me indicará el camino. *¿Me rehúso porfiadamente a mirar en que dirección está apuntando Dios?*

Oración

Ruego no estar jugando a ser la eterna víctima, arrastrándome en las botas de la tragedia y actuando como si el sufrimiento fuera la única forma de entrar al paraíso. Que observe a mi alrededor para ver la bondad y la belleza de la tierra, que son prueba suficiente que nuestra vida es más que una caída tras otra. Que ningún concepto erróneo de que Dios es un cazador experto, esperando en el bosque para acecharnos, distorsione mi relación con un Poder Superior lleno de amor y magnánimo.

Hoy recordaré

La vida es mucho más que sufrimiento.

Meditación durante día

Cada vez más, y a medida que avanzo en mi recuperación, parece que *escucho* más, esperando tranquilamente oír la voz inconfundible de Dios dentro de mí. La oración se está convirtiendo en un camino de dos vías, para buscar y encontrar. Mi pasaje favorito de las Santas Escrituras es "Permanece calmo y reconoce que soy Dios". *¿Le presto atención tranquila y afectuosa a Él, con mucha más confianza en un conocimiento iluminado de su voluntad para conmigo?*

Oración

En la búsqueda de mi Poder Superior, que pueda aprender las mejores formas de llegar y escuchar a Él. Que comience a sentir la oración, a no oír sólo el sonido de mis propias palabras. Que pueda sentir que los contornos marcados de mi humanidad se esfumen a medida que su santidad se hace parte de mí. Que pueda sentir que soy uno con Él.

Hoy recordaré

Sentir la calma de Dios.

Meditación del día

Estoy aprendiendo —a veces muy lentamente, que cuando desisto de la batalla infructuosa de tratar de manejar la vida a mi manera, obtengo paz duradera y serenidad profunda. Para muchos de nosotros, ese proceso de aprendizaje es muy lento y doloroso. Sin embargo, finalmente entendemos que hay sólo dos voluntades en el mundo, la voluntad propia y la de Dios. Todo lo que esté dentro de mi control directo es mi voluntad; lo que esté fuera de mi control directo es la voluntad de Dios. De forma que trato de aceptar lo que esté fuera de mi control como la voluntad de Dios para mí. *¿Estoy empezando a comprender que al entregar mi voluntad a la voluntad divina, estoy viviendo por primera vez sin tumulto ni ansiedad?*

Oración

Que desee que mi voluntad sea congruente con la voluntad de Dios, que todo lo abarca. Ruego que reconozca inmediatamente si mi voluntad está en un tira y afloje inútil con la voluntad divina. Que pueda ahora confiar en Dios para que guíe mi voluntad de acuerdo a su plan maestro, y que su propósito sea el mío.

Hoy recordaré

El triunfo llega cuando mi voluntad está en armonía con la de Dios.

Meditación del día

El Programa me enseña a trabajar para el progreso, no para la perfección. Esa simple advertencia me ofrece un gran consuelo, porque representa una forma primaria en que mi vida hoy es tan diferente de lo que era. En mi vida anterior, *perfección* —por toda su imposibilidad— era con frecuencia mi objetivo número uno. Hoy creo que si a veces fallo, *no soy* un fracaso —y si cometo errores, *no soy* un error. Puedo aplicar esas mismas creencias a los Doce Pasos del Programa así como en todos los aspectos de mi vida. *¿Creo yo que sólo el Primer Paso puede practicarse a la perfección, y que los once pasos restantes representan ideales perfectos?*

Oración

Dios, enséñame a abandonar mi antiguo objetivo de perfección sobrehumana en todo lo que hacía o decía. Ahora me doy cuenta que estaba condenado al fracaso, porque nunca hubiera podido llegar a esas alturas imposibles que me había autoimpuesto. Ahora que entiendo este patrón de conducta, que ya no programe mis propios fracasos.

Hoy recordaré

Yo puedo esforzarme por ser una persona excelente, pero no una superpersona.

Meditación del día

Cuando nos esforzamos en forma compulsiva para lograr la perfección, invariablemente nos perjudicamos a nosotros mismos. En primer lugar, terminamos creando problemas grandes de los pequeños. Además, nos frustramos y nos desesperamos tanto que somos incapaces de lograr las metas imposibles que nos habíamos autoimpuesto. Y finalmente, disminuimos nuestra capacidad para hacer frente a la vida y a la realidad tal como son. *¿Puedo aprender a ceder un poco de vez en cuando? ¿Puedo dedicarme con una mente tranquila a lo que es posible y alcanzable?*

Oración

Que vea que esforzarme para lograr lo imposible me brinda una excusa prefabricada para no lograrlo. También es una indicación de mi pérdida del sentido de la realidad —algo que involucra saber qué es lo que puedo hacer, y hacerlo. Con la ayuda del grupo y mi Poder Superior, que pueda aprender a fijar "metas razonables". Estas metas pueden parecer ridículamente pequeñas para mí, después de años de "pensar a lo grande". Pero que al dividir mis proyectos en varios más pequeños, pueda reconocer que puedo lograr esos objetivos ambiciosos.

Hoy recordaré

Dividir los objetivos grandes en muchos objetivos más pequeños.

Meditación del día

Cada uno de nosotros en el Programa puede, a su debido tiempo y a su manera, lograr el despertar espiritual triunfante que se describe en el Paso Doce. El despertar espiritual es el conocimiento profundo que ya no estamos solos e impotentes. Es también el conocimiento profundo de que hemos aprendido ciertas verdades que ahora podemos transmitir a los demás para que ellos, quizás, también, puedan ser ayudados. *¿Estoy constantemente listo para el despertar espiritual, que llegará con seguridad a mí al practicar los Doce Pasos y entregar mi voluntad a la voluntad de Dios?*

Oración

Que sea firme, no esperando que mi despertar espiritual me sobresalte como un reloj despertador al tener conocimiento súbito de un Poder Superior. Se puede albergar en mí tan calladamente que es posible que no reconozca precisamente el momento en que llega el conocimiento del Poder Superior. La señal puede ser mi deseo de practicar el Paso Doce en los demás. Que comprenda que he aceptado los principios del Programa y estoy muy a gusto con la transformación espiritual que siento en mí.

Hoy recordaré

Mi despertar espiritual es mi primer momento privado con Dios.

Meditación del día

A través de nuestras propias experiencias y las de otros en el Programa, vemos que un despertar espiritual es en realidad un don que, básicamente, es un nuevo estado de conciencia y de ser. Significa que estoy ahora en un camino que realmente conduce a alguna parte; significa que vale la pena vivir, en lugar de ser algo que se sobrelleva. Significa que estoy transformado porque he sufrido un cambio básico de personalidad —y que poseo una fuente de energía que por tanto tiempo me negué a mí mismo. *¿Creo que nadie llega demasiado pronto al Programa ni nadie retorna demasiado tarde?*

Oración

Ruego que pueda lograr un estado de conciencia que transcienda mi realidad cotidiana y seguir siendo parte de ella. Que ya no cuestione la existencia de Dios porque he tocado su Ser. Para nosotros, que estamos recuperándonos de las adicciones, las palabras renacidas en el Espíritu tienen un significado especial y precioso. Que agradezca plenamente a mi Poder Superior por guiarme a un renacimiento espiritual.

Hoy recordaré

Renacer a través de mi Poder Superior.

Meditación del día

¿Cómo puedo saber si he tenido un despertar espiritual? Para muchos de nosotros en el Programa, un despertar espiritual se manifiesta en formas simples y no complicadas: madurez emocional, terminar con los resentimientos constantes e inquietantes del alma, la capacidad de amar y ser amado, el convencimiento, aún sin entendimiento, que algo permite que el sol se levante y se ponga, da y termina la vida, brinda alegría a los corazones humanos. *¿Puedo ahora hacer, sentir y creer que lo que no pude hacer previamente, puedo hacerlo con mis propias fuerzas y recursos?*

Oración

Que mi confianza espiritual comience a extenderse a mis actitudes hacia los demás, especialmente durante las fiestas tradicionales, cuando hay mucha anticipación y ansiedades. Como persona adictiva, no he manejado bien las fiestas tradicionales —saludando a las personas reunidas en el hogar, extrañando a las no presentes. Ruego tener la serenidad para sobrellevar esta mezcla de emociones durante las fiestas.

Hoy recordaré

Alegría sin alcohol. Brindis sin alcohol.

Meditación del día

Nosotros llegamos al Programa suplicando, completamente apesadumbrados. Tarde o temprano, al practicar los principios de los Doce Pasos, descubrimos dentro nuestro una cosa preciada. Descubrimos algo que nos hace sentir cómodos en todos los lugares y situaciones. A medida que entendemos a Dios, obtenemos fuerza y crecimiento con su ayuda, con el compañerismo del Programa, y aplicando los Doce Pasos a nuestras vidas. *¿Puede alguien arrebatarme mi nueva vida?*

Oración

Que las oraciones de súplicas desesperadas que traje a mi Poder Superior como persona nueva en el Programa, se conviertan en una entrega pacífica a la voluntad de Dios. Ahora que he visto lo que puede hacerse a través del ilimitado Poder Superior a mí mismo, que mi regalo a los demás sea esta firme convicción. Ruego que la gente que amo tenga la fe para encontrar sus propias experiencias espirituales y las bendiciones de la paz.

Hoy recordaré

Paz —interna y externa— es la bendición mayor de Dios.

Meditación del día

Hoy es un día especial de muchas maneras. Es un día que Dios hizo, y estoy vivo en el mundo de Dios. Yo sé que todas las cosas en mi vida en este día son una expresión del amor de Dios —el hecho de estar vivo, de estar recuperándome, y capaz de sentirme como me siento en este preciso momento. Para mí, éste será un día de agradecimiento. *¿Estoy profundamente agradecido de ser parte de este día especial y por todas mis bendiciones?*

Oración

En este día de recordar el don de Dios, que entienda que dar y recibir es lo mismo. Cada una es parte de la otra. Si doy, yo recibo la felicidad de dar. Si recibo, brindo a alguien la misma felicidad de dar. Ruego poder dar generosamente mi ser, mi amor y mis fuerzas. Que además reciba gratamente el amor y las fuerzas de los egos de los demás. Que Dios sea nuestro ejemplo.

Hoy recordaré

La magnitud de la generosidad de Dios.

Meditación del día

Ninguno de nosotros puede afirmar que conoce a Dios en toda su dimensión. Ninguno de nosotros puede decir que entiende nuestro Poder Superior exhaustivamente. Pero yo sé lo siguiente: hay un Poder más allá de mi voluntad humana que puede hacer cosas maravillosas y amorosas para mí, que yo no puedo hacer por mi cuenta. Yo veo este obrar, este poder glorioso en mi propio ser, y veo los resultados milagrosos de este poder en las vidas de miles de otras personas amigas recuperándose en el Programa. *¿Necesito la gracia de Dios y la comprensión amorosa de mis amigos en el Programa, menos ahora que cuando empecé mi recuperación?*

Oración

Que nunca olvide que mis necesidades espirituales son mayores hoy que cuando ingresé en el Programa. Es tan fácil mirar a las personas nuevas al proceso de la recuperación, y considerarlas como necesitadas. Al pensar en mí mismo como una persona cada vez más independiente, que nunca me olvide del Poder Superior a mí mismo.

Hoy recordaré

Nunca dejaré de necesitar a Dios.

Meditación del día

Bill W., el cofundador de AA escribió que "La característica central de la experiencia espiritual es que da a la persona una motivación nueva y mejor fuera de toda proporción de cualquier proceso de disciplina, creencia, o fe. Estas experiencias no pueden hacernos enteros en seguida; son un renacer a una oportunidad fresca y cierta". *¿Veo que mis recursos son dones de Dios, que han sido parcialmente equiparados por un deseo creciente de mi parte de encontrar y hacer su voluntad en mí?*

Oración

Elevo mi plegaria para lograr la integridad de propósito que sólo puede ocurrir por la experiencia espiritual. No hay teoría intelectual, automotivadora, desprovista de disciplina, "de hacerlo por" otra persona, que puede lograr los mismos resultados. Ruego por mi despertar espiritual, no sólo para recuperar, sino para sí mismo.

Hoy recordaré

Motivación total a través de la integridad espiritual.

Meditación del día

Para mí, el Programa no es un lugar ni una filosofía, sino una carretera hacia la libertad. La carretera me lleva hacia la meta de un "despertar espiritual como resultado de estos Doce Pasos". La carretera no me conduce a la meta tan velozmente como quisiera, pero debo recordar que Dios y yo trabajamos en diferentes horarios. Sin embargo la meta está allí, y yo sé que los Doce Pasos me ayudarán a alcanzarla. *¿He llegado a entender que yo y cualquier otra persona, podemos hacer lo que siempre pensamos que era imposible hacer?*

Oración

A medida que el Programa obra en mi vida, que comprenda cada vez más que es un medio para conseguir un objetivo, en lugar del objetivo en sí. Que siempre tenga presente que el tipo de espiritualidad que requiere nunca es completo, pero es la esencia del cambio y del crecimiento, un acercamiento mayor a un estado ideal. Que desconfíe de los objetivos de tiempo para medir mi progreso espiritual.

Hoy recordaré

Los horarios son invenciones humanas.

Meditación del día

Se me ha dicho que el éxito del Programa reside en gran medida en la aptitud y disposición de sus miembros de hacer todo lo posible para ayudar a las personas tiranizadas por sus adicciones. Si mi aptitud y disposición menguan, entonces corro el riesgo de perder todo lo que he logrado. Yo nunca debo rehusarme a ofrecer lo que tengo, porque sólo ofreciéndolo tendré el privilegio de guardarlo. *¿Me tomo muy en serio la expresión, "Desde mí, hacia Dios y hacia los demás...?*

Oración

Que nunca esté demasiado ocupado para responder al llamado de ayuda de un compañero adicto. Que nunca esté tan preocupado con mis actividades que me olvide de que mi continua recuperación depende de esa ayuda —media hora en el teléfono, una visita en persona, reunirse para almorzar, lo que la situación requiera. Que sepa cuáles deben ser mis prioridades.

Hoy recordaré

Ayudar a los demás me ayuda a mí mismo.

Meditación del día

Mi vida antes de venir al Programa no era diferente a las vidas de muchos de nosotros que fueron golpeados y atormentados cruelmente por el poder de nuestras adicciones. Por varios años estuve enfermo y cansado. Cuando me enfermé y me cansé de estar enfermo y cansado, finalmente me di por vencido y vine al Programa. Ahora comprendo que un Poder Superior a nosotros me había ayudado desde el principio; fue Él, de hecho, quién me permitió vivir para que pudiera encontrar un nuevo estilo de vida en el futuro. *Desde mi despertar espiritual, ¿he encontrado un grado de serenidad previamente desconocida en mi vida?*

Oración

Que comprenda que mi Poder Superior no ha llegado sorpresivamente a mi vida como una persona desconocida que aparece sorpresivamente cuando golpeo la puerta. El Poder había estado allí desde el principio, basta con recordar los muchos encuentros con el desastre que he sobrevivido por un mínimo de tiempo y distancia. Hoy he comprendido mejor a mi Poder Superior, me doy cuenta que debo haber sido salvado para algo —para ayudar a otras personas como yo.

Hoy recordaré

Agradezco estar vivo y recuperándome.

Meditación del día

Dios concédeme la SERENIDAD para aceptar las cosas que no puedo cambiar; VALOR para cambiar aquéllas que puedo cambiar; y SABIDURÍA para reconocer la diferencia —viviendo un día a la vez; disfrutando un momento a la vez; aceptando penurias como la senda hacia la paz; aceptando, como hizo Él, este mundo pecador como es, no como yo quisiera que fuera: Confiando que Él corregirá todo si me entrego a su voluntad; que pueda sentirme razonablemente feliz en esta vida, y eternamente feliz con Él en la próxima. Amén.

Oración

Que mire este año pasado y lo considere como bueno, en que nada de lo que hice o dije fue desperdiciado. No hay experiencia sin valor, no importa lo insignificante que pueda haber parecido. El sufrimiento me dio la capacidad de sentir felicidad; los malos tiempos me hicieron apreciar los buenos; las que yo consideré como mis debilidades se volvieron mis fortalezas mayores. Agradezco a Dios por un año de crecimiento.

Hoy recordaré

La esperanza es mi "transferencia de saldo", en el libro mayor de un nuevo año.

INDICE POR TEMAS

Expectativas realísticas Febrero 28; Marzo 3, 24; Abril 1, 16; Junio 11, 23; Julio 23, 31; Septiembre 3, 5, 22, 23, 28; Octubre 3, 15, 19; Noviembre 23, 27; Diciembre 19, 20.

Fe Enero 11; Febrero 23, 24; Marzo 22; Abril 9, 11, 30; Mayo 1, 3, 6, 8; Julio 19, 21; Septiembre 25; Noviembre 28; Diciembre 9, 11, 12.

Felicidad Abril 19; Septiembre 17.

Fiestas tradicionales Diciembre 23, 25.

Grandiosidad, creerse muy justo y bueno Febrero 3, 6; Marzo 30; Octubre 4, 28; Noviembre 18, 26.

Guardar rencor, resentimiento Marzo 27.

Honestidad Junio 14, 15, 20; Julio 7, 9, 11, 17, 26; Agosto 13, 14; Octubre 23.

Humildad Marzo 29; Mayo 9; Junio 9; Septiembre 14, 18; Octubre 28; Noviembre 2, 10-18, 22.

Libertad personal Enero 22-26, 28, 30; Marzo 29; Mayo 4; Junio 14, 24; Julio 4, 5; Agosto 20, 25; Septiembre 2; Noviembre 24; Diciembre 28.

Mantener una mente abierta Abril 12; Julio 14-19, 26; Septiembre 22, 23; Noviembre 16.

Negar Febrero 4; Marzo 22, 31.

Noveno Paso Junio 16-21.

Obstinación, resistencia Enero 24; Julio 18, 24; Agosto 27; Octubre 8; Noviembre 14-16, 26; Diciembre 3-7, 10, 18.

Octavo paso Junio 15.

Opciones, decisiones Enero 6, 23; Febrero 23; Marzo 4; Abril 18, 19, 28; Julio 21; Septiembre 8.

Orgullo Octubre 28-31; Noviembre 1, 2, 17, 18, 22, 26.

Paciencia Enero 11; Marzo 24; Mayo 24; Junio 14; Julio 16; Septiembre 24.

Paso Doce Enero 7; Marzo 12, 25, 28; Abril 9, 14, 22, 24, 30; Junio 24; Octubre 4, 12, 16, 22; Diciembre 21, 22, 29, 30.

Segundo Paso Febrero 21; Marzo 22; Abril 15.

Sentimientos Enero 11, 13, 31; Febrero 15-20; Marzo 8, 15, 27; Mayo 17; Junio 10; Julio 29; Agosto 8; Septiembre 10, 12, 14, 15, 17, 20, 29, 30; Diciembre 10.

Séptimo Paso Agosto 22-27.

Serenidad Enero 10; Marzo 13; Octubre 6-8, 11; Diciembre 18, 30, 31.

Sexto Paso Febrero 28; Agosto 21, 22, 25-27; Octubre 14.

Soledad Febrero 11, 12; Mayo 15-17, 19-23, 28; Septiembre 10; Octubre 1.

Temores, ansiedades Febrero 22-29; Abril 20; Mayo 9, 10; Junio 10; Julio 1, 9; Agosto 9; Octubre 5, 10, 24; Diciembre 15.

Tercer paso Abril 14; Septiembre 1.

Timidez Octubre 24.

Tolerancia Febrero 8, 9; Abril 12, 13; Junio 1, 5, 6, 18; July13-17; Septiembre 22; Octubre 2,19.

Trabajar el Programa Febrero 11, 12; Marzo 1,13, 15, 23-26, 28; Abril 1-4, 18, 22, 28; Mayo 14, 19; Junio 3, 5, 13, 24, 25; Julio 10; Agosto 19, 20, 24, 25; Septiembre 10, 21, 23, 26; Diciembre 24, 28.

Un día a la vez Enero 1, 2, 5, 27; Febrero 26, 27; Marzo 18; Abril 5, 29; Mayo 5, 11, 12; Diciembre 4.

Valor Febrero 23-25; Mayo 9-14.

Valor de sí mismo Marzo 2; Abril 19, 27; Mayo 7, 17, 18, 21; Junio 11, 12, 18, 19; Julio 6, 25; Agosto 4, 5, 9, 16, 17; Septiembre 7; Octubre 20, 21, 23-25.

Voluntad para cambiar Enero 17, 25; Marzo 9; Abril 10, 18, 28; Mayo 7; Junio 26, 29, 30; Julio 1, 3, 15, 22, 24, 26; Agosto 22; Septiembre 22-24; Octubre 3; Noviembre 13.

Cómo Usar UN DÍA A LA VEZ

por Bill L. Little,
Autor de *This Will Drive You Sane*

Las buenas ideas son como la buena comida. No son muy eficaces hasta que se hacen parte suya. Las ideas en este libro pueden representar una diferencia positiva en su vida, si las hace parte suya. Para aprender eficazmente los conceptos contenidos en las lecturas diarias, usted tendrá que usarlos. A continuación se presenta un proceso de varios pasos para recibir el mayor beneficio de este libro.

1. Relájese: Antes de empezar a leer el pensamiento del día dedique unos minutos para relajarse. Siéntese por un rato en una silla cómoda y deje que su mente y su cuerpo se calmen.

Cierre sus ojos por unos minutos para evitar el estímulo visual y piense en una imagen o experiencia agradable. ¡No se apresure! Tómese unos minutos para aliviar las tensiones que tenga. Al estar relajado su mente es más abierta y fecunda permitiéndole estar mejor equipado para aprender a usar unos minutos de relajamiento.

2. Lea: Ahora usted está listo para leer. Es importante que se tome el tiempo suficiente para hacerlo y no se apresure. Esta no es una prueba de lectura acelerada. Está pensada para que sea una experiencia útil y motivadora. Digiera lentamente las palabras. Entienda lo que lea.

3. Piense: Después de leer, pase unos minutos pensando en lo que leyó. A menudo, ayuda hablarse a sí mismo sobre los pensamientos e interpretarlos. Es una buena idea tener a mano un cuaderno y una lapicera para escribir con sus propias palabras lo que haya leído.

4. Aplique: Considere formas de poner las ideas en práctica en su vida. Use las ideas lo antes posible. Compártalas con amigos o familiares interesados pero, lo más importante es pensar en maneras específicas de usarlas para cambiar y/o fortalecer su vida.

Si usted tiene un cuaderno, escriba su plan en él. Cuanto más planes haga y cuanto más aplique las ideas en su vida, mas importante será este libro para usted.

5. **Sea selectivo:** No fuerce el uso de una idea. Muchas de las ideas en este libro tendrán significado y aplicación específicas para usted, pero no otras. No se obligue a aplicar todos los pensamientos a su vida. ¡Lea todas las selecciones, pero sea selectivo!

Si en un día dado usted no pudiera leer la lectura, trate de escribir un pensamiento motivador propio. He aquí un ejemplo de cómo yo uso uno de los pensamientos diarios. Me siento en una silla cómoda después de asegurarme que tengo a mano un cuaderno, una lapicera y el libro UN DÍA A LA VEZ. Me relajo poniendo los pies en el piso y las manos en mi regazo. Coloco mi libro, cuaderno y lapicera en el piso junto a la silla. Cierro mis ojos y pienso en una escena agradable. Para mí, los árboles y el agua me calman así que visualizo un día primaveral fresco y un lago hermoso reflejando el azul del cielo y los árboles altos en su ribera. (A veces pienso en una experiencia agradable como una conversación estimulante o divertida con una persona amada.)

Después, dejo pasar unos minutos para que la tensión abandone mi cuerpo, tomo el libro y lo leo. Hoy estoy leyendo la meditación para el mes de enero. (Por favor lea esa selección antes de continuar leyendo esta descripción.)

¿Leí la meditación y pienso sobre ella preguntándome, "¿Qué mensaje tiene para mí?". Yo no creo que he pensado en función de eternamente (no todos los pensamientos se aplican específicamente a mí). He pasado el tiempo reciclando mis antiguos errores lo que es una pérdida de tiempo. Ya sé que mañana no será diferente del día de hoy, a menos que esté dispuesto a hacerlo diferente con las opciones y acciones que tome. Yo leo la oración para el día de hoy. "¿Cómo puedo hacerla más personal para mí?" Puedo fijar mis objetivos que involucren sólo mañana.

Paso cierto tiempo pensando sobre la meditación y la oración. Luego recojo mi cuaderno y escribo:

"Estoy aprendiendo que los objetivos deben acercarse más al presente antes que sean reales. Es fútil lamentarse del pasado o soñar con el futuro a menos que esté dispuesto a vivir en forma activa y responsable en el presente".

"Si voy a hacer mías estas ideas, debo encontrar una manera de usarlas. Empezaré fijando algunos objetivos que sean realísticos y que pueda lograr mañana.* Me comprometeré a alcanzar dos objetivos específicos mañana, por lo menos".

Puede escribir cualquier objetivo que se ajuste a usted. Por supuesto, uno de ellos podría ser, "No beberé durante este día", "No fumaré en este día", "Mañana voy a empezar a buscar trabajo", o "Leeré un capítulo de un buen libro".

---

* Nota: Uso "mañana" porque estuve leyendo tarde por la noche. Hoy es el mejor momento para hacer resoluciones. Haga que sus objetivos estén lo más cercanos posible a usted.

LOS DOCE PASOS
DE ALCOHÓLICOS ANÓNIMOS

1. Admitimos que éramos impotentes ante el alcohol y que nuestras vidas se habían vuelto ingobernables.

2. Llegamos a creer que un Poder superior a nosotros mismos podría devolvernos el sano juicio.

3. Decidimos poner nuestras voluntades y nuestras vidas al cuidado de Dios, *como nosotros lo concebimos.*

4. Sin temor, hicimos un minucioso inventario moral de nosotros mismos.

5. Admitimos ante Dios, ante nosotros mismos y ante otro ser humano, la naturaleza exacta de nuestros defectos.

6. Estuvimos enteramente dispuestos a dejar que Dios nos liberase de todos estos defectos carácter.

7. Humildemente le pedimos que nos liberase de nuestros defectos.

8. Hicimos una lista de todas aquellas personas a quienes habíamos ofendido y estuvimos dispuestos a reparar el daño que les causamos.

9. Reparamos directamente a cuantos nos fue posible, el daño causado, excepto cuando al hacerlo implicaba perjuicio para ellos o para otros.

10. Continuamos haciendo nuestro inventario personal y cuando nos equivocábamos lo admitíamos inmediatamente.

11. Buscamos, a través de la oración y la meditación, mejorar nuestro contacto consciente con Dios, *como nosotros lo concebimos,* pidiéndole solamente que nos dejase conocer su voluntad para con nosotros y nos diese fortaleza para cumplirla.

12. Habiendo tenido un despertar espiritual como resultado de estos pasos, tratamos de llevar este mensaje a otros alcohólicos y de practicar estos principios en todos nuestros asuntos.

---

* Los Doce Pasos de Alcohólicos Anónimos fueron tomados del Libro Grande de *Alcohólicos Anónimos,* 3ª. edición, publicado por A.A. World Services, Inc., New York, N.Y., páginas 59 y 60. Reimpreso con permiso de A.A. World Services, Inc.

LAS DOCE TRADICIONES DE ALCOHÓLICOS ANÓNIMOS

1. Nuestro bienestar común debe tener la preferencia; la recuperación personal depende de la unidad de Alcohólicos Anónimos.

2. Para el propósito de nuestro grupo solo existe una autoridad fundamental: un Dios amoroso tal como se exprese en la conciencia de nuestro grupo. Nuestros líderes no son más que servidores de confianza. No gobiernan.

3. El único requisito para ser miembro de Alcohólicos Anónimos es querer dejar de beber.

4. Cada grupo debe ser autónomo, excepto en asuntos que afecten a otros grupos o a Alcohólicos Anónimos.

5. Cada grupo tiene un solo objetivo primordial: llevar el mensaje al alcohólico que aún está sufriendo.

6. Un grupo de Alcohólicos Anónimos nunca debe respaldar, financiar o prestar el nombre de Alcohólicos Anónimos a ninguna entidad allegada o empresa ajena, para evitar que los problemas de dinero, propiedad y prestigio nos desvíen de nuestro objetivo primordial.

7. Todo grupo de Alcohólicos Anónimos debe mantenerse completamente a sí mismo, negándose a recibir contribuciones de afuera.

8. Alcohólicos Anónimos nunca tendrá carácter profesional, pero nuestros centros de servicio pueden emplear trabajadores especiales.

9. Alcohólicos Anónimos como tal nunca debe ser organizada; pero podemos crear juntas o comités de servicio que sean directamente responsables ante aquellos a quienes sirven.

10. Alcohólicos Anónimos no tiene opinión acerca de asuntos ajenos a sus actividades; por consiguiente su nombre nunca debe mezclarse en polémicas públicas.

11. Nuestra política de relaciones públicas se basa más bien en la atracción que en la promoción; necesitamos mantener siempre nuestro anonimato personal ante la prensa, la radio y el cine.

12. El anonimato es la base espiritual de todas nuestras Tradiciones, recordándonos siempre anteponer los principios a las personalidades.

---

* Las Doce Tradiciones de Alcohólicos Anónimos fueron tomados del Libro Grande de *Alcohólicos Anónimos*, 3ª. edición, publicado por A.A. World Services, Inc., New York, N.Y., página 564. Reimpreso con permiso de A.A. World Services, Inc.

Hazelden es una organización sin fines de lucro fundada en 1949, con el objetivo de ayudar a la gente a reclamar sus vidas de la enfermedad y la adicción. Con la experiencia y el conocimiento adquirido por décadas, Hazelden ofrece un abordamiento completo a la adicción que considera las necesidades completas del paciente, de la familia, y ayuda profesional, incluyendo tratamiento y atención continuada para jóvenes y adultos, investigación, educación académica, educación al público, promoción y publicaciones.

Una vida en recuperación se vive "un día a la vez". Las publicaciones de Hazelden, con su valor educativo e inspirador, apoyan y fortalecen la recuperación a largo plazo. En 1954, Hazelden publicó *Twenty-Four Hours a Day (Veinticuatro horas al día),* que fue el primer libro de meditación para alcohólicos en recuperación. Hazelden sigue publicando trabajos que inspiran y orientan a las personas en el tratamiento y la recuperación, y a sus seres queridos. Los profesionales que trabajan en la prevención y tratamiento de la adicción también recurren a Hazelden por programas de estudios basados en la experiencia, materiales informativos, y videos para usar en las escuelas, en programas de tratamiento, y en programas en correccionales.

Por medio de los trabajos publicados, Hazelden brinda esperanza, aliento, ayuda y apoyo a los individuos, familias, y comunidades afectadas por la adicción y sus problemas derivados.

Para más información sobre Hazelden,
por favor llame al **1-800-328-9000,** o consulte nuestro
sitio en la red en **www.hazelden.org/bookstore.**